猎巫时代

欧洲神话与巫术

[德] 伊娃-玛利亚·施努尔　主编

高杨　译

浙江人民出版社

Original title: Das Zeitalter der Hexenverfolgung. Angst und
Aberglaube am Beginn der Neuzeitby Eva-Maria Schnurr (Ed.)
@ 2022 by Penguin Verlag

a division of Penguin Random House Verlagsgruppe GmbH, München, Germany.

浙 江 省 版 权 局
著作权合同登记章
图字:11-2023-081号

图书在版编目（CIP）数据

　　猎巫时代 ： 欧洲神话与巫术 / （德）伊娃-玛利亚·
施努尔主编 ； 高杨译. -- 杭州 ： 浙江人民出版社，
2025．6． -- ISBN 978-7-213-11879-1

　　Ⅰ．B992.5

　　中国国家版本馆CIP数据核字第2025TD1504号

猎巫时代：欧洲神话与巫术
LIEWU SHIDAI: OUZHOU SHENHUA YU WUSHU

[德] 伊娃-玛利亚·施努尔主编　　　高杨　译

出版发行：浙江人民出版社（杭州市环城北路 177 号　邮编　310006）
　　　　　市场部电话：（0571）85061682　85176516
责任编辑：方　程
特约编辑：涂继文　杨钰霆
营销编辑：杨　悦
责任校对：汪景芬
责任印务：幸天骄
电脑制版：北京之江文化传媒有限公司
印　　刷：杭州丰源印刷有限公司
开　　本：880 毫米 ×1230 毫米　1/32　　印　　张：8.25
字　　数：149 千字　　　　　　　　　插　　页：4
版　　次：2025 年 6 月第 1 版　　　　印　　次：2025 年 6 月第 1 次印刷
书　　号：ISBN 978-7-213-11879-1
定　　价：68.00 元

如发现印装质量问题，影响阅读，请与市场部联系调换。

目　录

第二十三章　最显眼的女巫配件　/　217

近代早期，人们担心女巫秘密潜伏在村子里，难以辨认。随着时间的推移，女巫在描述中被赋予了明确的特征。这些特征从何而来？

第二十四章　女巫审判要点　/　221

弗朗克·帕塔龙供稿

前　言

这是德国乃至欧洲历史上令人不安的一幕：从14世纪开始，人们找到越来越多的"女巫（Hexe）"，指控她们用有害的咒语和魔法作恶。这些女人因此受到审判，其中许多人被残酷折磨、判刑和处决。

直到18世纪猎巫才结束，这场运动在今天看来是不合理的，是集体歇斯底里的最好例子，陌生、遥远，无法理解。

也许，这就是围绕这一话题的许多神话和误解至今依然存在的原因。很多人认为，迫害主要影响的是助产士和聪明的妇女，天主教会想要打压在民间学到知识的她们。还有关于"集体错觉"、迷信和受害者人数极多的说法。

然而，自20世纪80年代以来，历史学者开始详细关注对女巫的迫害，并以全新的视角解释中世纪与现代之间的过渡时期，以及人们对巫术（Hexerei）及黑魔法的恐惧。最新的研究表明，在当时条件下，社会公众对女巫存在的信仰以及由此产生的迫害，是对巨大变革进程的一种理性反映。这不是"集体疯狂"，而是一个极度缺乏安全感的社会，试图为看似无法被解释的事情找到解释，并通过迫害所谓的罪魁祸首——女巫和术士——来防止灾难的发生。

这些研究当然不是为猎巫洗脱罪名，而是用科学对迫害女巫及其背后的社会反应模式，提供了更深层次的解释——直到今日这些现象依然极具争议性。

中世纪末期，人们的许多生活领域都发生了深刻的变化：从 14 世纪起，瘟疫肆虐欧洲，造成无数人死亡，恐怖蔓延；新大陆的发现，使人类世界观发生了根本变化；奥斯曼人征服了君士坦丁堡，拜占庭帝国崩溃，整个欧洲充斥着对"土耳其威胁"的恐惧；宗教改革对迄今公认的单一基督教真理提出了质疑，打破了信仰的确定性；新的国家结构出现，当局试图加强其影响力；"小冰河时期"导致农作物歉收，物价上涨，人类和牲畜疾病增加。

伦敦历史学家斯图尔特·克拉克（Stuart Clark）认为，当时对邪恶力量和恶魔的信仰不仅为普通人提供了慰藉，也为科学家们提供了一些关于无法解释的现象的答案。恶魔存在的信念是当时人们认识自然的核心组成部分。

公众对魔法的信任也很普遍，尤其是在普通人中间：在生病或遭遇不幸时，基督教仪式会与魔法仪式一并使用。许多人相信，超自然现象可以非常具体地体现在他们的日常生活中。

在这个时代，这些知识结合在一起，形成了一个邪恶的崇拜巫术的概念，它阴谋破坏人类生活的基础。人们对撒旦的盟友极为恐惧，女巫被视为邪恶的缩影，对个人和社会都极其危险，因此，对她们的迫害被视为一种社会义务。

今天，我们称这种概念为"叙事"模式—— 一种浓缩为连贯、易懂的故事的解释模式。它为许多不同的问题提供了所谓的简单解决方案：邻里之间的恩怨、莫名其妙的命运、国家机构之间的权力冲突，以及恶劣的天气或不孕不育。在那个时代，女巫承担了罪名。天主教徒、新教徒和加尔文教徒，富人和穷人，受过教育和没受过教育的人都对此深信不疑。这种怀疑会影响到每个人：男人和女人，强者和弱者。

然而，猎巫运动并没有影响到整个欧洲。从一开始，一些人就因为证据听起来并不确凿而产生怀疑，或者一些当局不希望他们的臣民被不信任、相互指责、冗长的审判和不和所吞噬。随着时间的推移，他们的声音越来越强，为无法解释的事情提供了其他不那么残酷的解释，并逐渐占了上风。1782 年，安娜·戈尔迪（Anna Göldi）作为欧洲最后一个"女巫"在瑞士被处死。

第二次世界大战后德国法院对巫术的审理表明，"巫术"这个概念是多么顽固地存在着。即使在 20 世纪 50 年代，邻里之间也会相互指责对方使用黑魔法，并将这一古老的指控作为社会冲突的弹药。

本书回顾了这个时代，收集了《明镜周刊》作者以及著名学者的文章，向读者展示巫术信仰是如何形成的，迫害者如何残忍，受害者及其亲属是如何拼命为自己辩护的。实际上在当时，很多人很清楚，巫术指控不过是障眼法。

作者们解释了为什么在某些地区存在大规模迫害，而在其他地方却几乎没有女巫被处决。他们还解释了为什么人们在面临巨大危险的情况下仍将自己视为女巫，女巫审判是如何进行的，以及刽子手在猎巫时期如何看待自己的职业。

此外，本书也审视了 20 世纪的一些意识形态，例如纳粹时期，催生了许多关于女巫审判的神话，而这些神话至今仍很常见。本书不仅关注了战后德国法院不得不再次处理女巫审判问题的时期，还关注了今日一些妇女随意给自己贴上"女巫"标签的现象。

对女巫的迫害既不陌生也不遥远，这里收集的文本所展示的，更多是猎巫时代的情况，也是变化加速和动荡时期人类如何共处的极好教材。这也是对当下的警示：现代社会的框架绝非不可动摇——尤其是在困难重重的时代。

第一章
"从这些事实中无法断定任何巫术"

1615 年，卡塔琳娜·开普勒（Katharina Kepler）被指控为女巫。她的儿子、著名天文学家约翰内斯·开普勒（Johannes Kepler）以惊人的方式为她辩护。

乌林卡·鲁布拉克（Ulinka Rublack）供稿

1615 年 12 月 29 日，约翰内斯·开普勒正在林茨（Linz）工作。他刚过完 44 岁生日，正在写新年贺词。突然，一位信使敲门进来，送来了一封三个月前寄出的信。开普勒认出这是他住在符腾堡（Württemberg）的姐姐的笔迹，于是迅速打开了信。信中有个再糟糕不过的消息：八月，他年迈的母亲在莱昂贝格（Leonberg）被指控施展巫术。而且指控她的人与斯图加特（Stuttgart）地区法院关系十分密切。

　　开普勒（1571—1630 年）是有史以来最著名的天文学家之一。他为哥白尼（Nicolaus Copernicus）的日心说辩护，并且发现行星的轨道是椭圆形的。开普勒还对光学进行了开创性的研究。但鲜为人知的是，这位天文学家的母亲卡塔琳娜在 1615 年被指控为女巫。1620 年，为了挽救母亲的性命和自己的名誉，开普勒为母亲开展了法律辩护工作。

这一事件改变了我们对当时天文学家的认识。他从未公开发表过他的辩护词，但一针见血地指出迫害女巫的法律弱点——以开普勒看来，这些弱点导致了对老年女性的迫害加剧。

卡塔琳娜无疑属于这个群体。1615年，这位旅馆老板的女儿已经年近70岁，还是个寡妇。她的婚姻一直很艰难，丈夫一次次离开她，去当雇佣兵；她一共生过七个孩子，只有四个活了下来，她一个人把他们抚养成人。她从丈夫和父亲的遗产中得到了一些钱，在莱昂贝格买了一栋房子，并拥有耕种的土地。她和当时的其他寡妇一样，出售干草并按法律规定的5%的利率发放贷款。和其他许多人一样，她也从医，制作药膏和药物，但从未以这些东西谋利。在1614年的莱昂贝格纳税名单中，卡塔琳娜与其他36位寡妇并列，自豪地以独立公民的身份缴纳了税款。

当时，莱昂贝格正在经历巨变。1608年，符腾堡州在新教军事联盟中占据了主导地位，因此市民的税收增加了。此外，1608年和1615年粮食歉收，导致物价大幅上涨。而1615年的冬天尤为寒冷，莱昂贝格市的穷人救济计划不得不扩大，为近一半的人口提供粮食。就在此时，莱昂贝格发生了第一次巫术指控和审判：1615年12月，圣诞节前四天，莱昂贝格市民亲眼看见来自邻近海姆斯海姆（Heimsheim）的四名妇女被当作女巫处死。

对卡塔琳娜·开普勒的指控也是在这个时候提出的。指控的主角是身患重病的玻璃工妻子乌苏拉·莱因博尔德（Ursula Reinbold），她声称卡塔琳娜·开普勒给她喝了一种奇怪的饮料，导致她瘫痪并患上了顽疾，头部和腹部一直"疼得无法忍受"。法院最终听取了 24 位证人的证词。一些人说卡塔琳娜·开普勒给他们喝了下了咒的酒，还有人说她还穿过了上锁的门。他们还说，她让好几个人得了不治之症。

她的长子约翰内斯·开普勒在这件事发生时，正处于事业的巅峰期。他正在出版他的名作《世界的和谐》（*Harmonies of the World*），他在这本书中将各种元素与几何图形联系起来。开普勒自信地写道，上帝一直在等待一个像他这样的人——一个完全理解上帝蓝图的人。他的父亲是一名士兵，经常离家打仗，直到死在战场上，而开普勒把自己视为先知。

除了职业目标，家庭也是他生活的中心。他从寄宿学校毕业后，与信仰路德宗的同学和教授一起学习、生活，一有能力就组建了自己的家庭。

开普勒虽然远离莱昂贝格，先是生活在格拉茨（Graz），然后在布拉格的皇宫内供职，后来又到了林茨，但他与母亲和兄弟姐妹的关系非常亲密。开普勒与母亲的关系，可以从一些小事上看出：1602 年，卡塔琳娜独自从莱昂贝格前往布拉格探亲。开普勒常年给卡塔琳娜写信，不识字的卡塔琳娜让女儿或老师读给她听，并口述自己的回信。因而，1615 年，卡塔琳娜被指控为女巫时，开普勒的妹妹玛格丽特知道，这件事上她肯定可以求助哥哥。

开普勒立即给符腾堡公爵写信求助；公爵在林茨暂时收留了他的母亲，并把她带回了莱昂贝格。波希米亚战争爆发时，开普勒除了研究第三行星定律，业余时间还在帮自己的母亲打官司。

1619 年初，他的母亲卡塔琳娜一大早就被女儿叫醒：公爵的高级官员、斯图加特总督和他的手下就在门口，她应该赶快躲起来。但很快，他们就找到了这位 73 岁的妇女——她赤身裸体地躺在一个箱子里的毯子下。根据公爵的命令，她被关进了斯图加特监狱。

几天后，她的小儿子克里斯托夫（Christoph Kepler）写信给符腾堡公爵，说他无论如何都不希望母亲在莱昂贝格受审，因为他们曾经住在莱昂贝格的集市广场边上。

于是卡塔琳娜被转移到了海尔布隆（Heilbronn）附近的居格林根（Güglingen）的监狱。同年秋天，开普勒带着自己的藏书和著作，与家人一起搬到了雷根斯堡（Regensburg），并租了一匹马，赶到居格林根，为自己的母亲撰写辩护词。

此时她的母亲身体虚弱、头发花白而且牙齿全无，被铁链锁在地板上，还由两名看守看管。开普勒与自己的母亲深入交谈，了解情况，正是这些谈话让他更深入地了解了母亲的世界，因为他需要更多地了解母亲所处的社会环境，以便更好地对证人证词进行分类。这段对话也拉近了他与母亲的距离。

1620 年 5 月初，开普勒向居格林根总督奥尔伯（Aulber）递交了一份为母亲辩护的正式声明。5 月中旬，开普勒从奥尔伯那里得知，整个案件在公爵府审理。于是，开普勒求助于符腾堡大法官办公室的律师希罗尼穆斯·加贝尔霍弗（Hieronymus Gabelkhover），请他说服公爵府官员尽快继续审理——他的母亲已经被关押了 14 个月；已经 74 岁的她即将失去理智、健康和财产。6 月，奥尔伯亲自报告说，卡塔琳娜变得极不耐烦，她担心自己的案件被故意拖延，要求加快诉讼程序，以便"一次性了结此事"。

在法律事务方面，开普勒首先咨询克里斯托夫·贝索德（Christoph Besold，生于 1577 年），他是蒂宾根（Tübingen）一位博学而富有的学者，1610 年出任法学教授。贝索德的私人图书馆是一座百科全书式的新式图书馆。他在每本书上都贴了自己的名字和座右铭："我放弃你，撒旦；我属于你，基督"——仿佛这些字眼能给每一卷书注入灵性。贝索德以自己的专业知识和特别图书馆说服了开普勒，让他住在蒂宾根，而他本人则认真地为开普勒的母亲撰写辩护词。当然，贝索德为自己的服务向开普勒索取了 8 古尔登（Gulden，货币单位）的报酬，而另外一份文件则显示，开普勒支付给一位不具名的律师（可能就是贝索德）40 古尔登。不过，目前还不清楚贝索德或其他律师在多大程度上参与了辩护书的起草工作。

开普勒此时全神贯注于母亲的案子，他无疑感到怒火中烧。这些政府部门怎能这样黑白不分？开普勒甚至还写信给总督，说他们是"当地恶霸"，明目张胆地触犯法律。这里他指的是莱昂贝格地区的总督艾因霍恩（Einhorn），就是他在针对自己母亲的诉讼中推波助澜。

开普勒要求当局采取罗马法中规定的文书格式，坚持司法程序。按照罗马法，所有的文件都必须以书面形式记录，这使得被告一方能够充分了解所有的证据，而擅长文字批判工作的开普勒便能在此大显身手——证人的口供都有详细的记录，借此能够对案件进行详细分析。

在 1617 年的首次请愿书中，他指出了母亲受到迫害的三个主要原因：（1）母亲作为寡妇，其社会地位使她受到敌视；（2）社会中对老年妇女普遍存在恐惧；（3）新任地方总督为了政绩采取行动。

之后，开普勒以法律为依据来质疑每一位证人的证词。为此，他详细审查证据，并与同母亲交谈获得的事实相比较。开普勒不仅阅读了审判记录，还在居格林根监狱认真聆听了母亲向他描述在她的世界里人们通常是如何行事的，以及作为一位寡妇是怎样在莱昂贝格生活的。

这样做的目的，是揭露对方论点中的前后矛盾之处和虚假事实。开普勒在他的科学论证中已经习惯了这种方法。那时在所有知识领域，人们越来越需要对"司空见惯"进行这种以事实为导向的调查。

像他这样优秀的自然哲学家在其著作中使用了法理学方法，以最终证明哪种观点值得信赖。这种论证终结了证词中孰真孰假的争辩，让人们对合理的结论达成共识。开普勒并没有陷入刑事审判的无用细节中。他一如既往地，凭借多年来在科学领域为自己的意见据理力争的能力，为自己的母亲撰写令人叹为观止的辩护词。

对今天的人们来说，相信巫婆是不合情理的，而开普勒的做法在现代人的眼中，近乎自相矛盾：在为自己母亲辩护时，这位科学家并没有排除巫术造成伤害的可能性。开普勒从未质疑过女巫的存在。但与此同时，他又用犀利的逻辑反驳了对母亲的指控，并坚持使用可证明的事实。他的辩护具有开创性意义，因为他的辩护紧跟温和派法律学者关于猎巫的法律论据，并考虑到了所有细节。在他母亲的案件中，他辩护的结论是，这不是巫术。他是从多个层面得出这一结论的。首先，开普勒在其详尽的辩护词中质疑许多证人做出可靠陈述的能力。

他写道，这些证人都太年轻，对他母亲的名声只能道听途说。而有一项重要的法律原则是，在提出指控之前，坏名声必须有充分的依据。

开普勒讽刺说，莱昂贝格的新教牧师布克（Buck）在迫害中表现得如此激烈，"就好像他担任了多年的宗教裁判官一样"。这位年轻牧师的偏激是显而易见的。他甚至不让卡塔琳娜参加圣餐礼。另一方面，这位牧师曾去乌苏拉·莱因博尔德家举行圣礼，而这位女士憎恨自己的母亲是不争的事实，就是她指控自己母亲使用巫术。和布克一样，其他证人也有偏见，充满嫉妒和仇恨，所以他们的证词并不可靠。

开普勒将玻璃工的妻子乌苏拉·莱因博尔德描述为一个迷信、不负责任、爱争吵且自私自利的女人，她曲解了导致其痛苦的自然原因，因此丧失了在公正调查中发表意见的权利。她自己吃错了药，却把症状归咎于"想象中的女巫"。然后，她利用自己的熟人圈子，在社会上层和底层中散布谣言。

这就是为什么卡塔琳娜现在要接受刑事案件的审判，并承担因莫须有的罪名而遭受酷刑的风险。然而，任何死刑审判必须以最大的法律严谨性来进行，并始终考虑到这一事实——"最通情达理的人"也可能会犯错。有关死刑案件，帝国法典要求必须有两位没有偏见的证人，而且按照法律专家的解读，这些证人和所有其他证人都必须是男性，因为女性"太容易"

受骗，且迷信、善变。

由此可见，开普勒为其母亲撰写的辩护词并不是为女性辩护。与当时的大多数学者一样，开普勒也认为女性的智力普遍不如男性。为了提供来自男性证人的事实证据，开普勒引用了两位法庭成员的证词，他们认识卡塔琳娜大半辈子了，从未认为卡塔琳娜是一个坏女人。这支持了开普勒的论点——这位玻璃工妻子莱因博尔德的谣言导致其他人将罪责强加在母亲身上。

这位天文学家紧紧依据帝国法律展开论证。他指出，之前在莱昂贝格被定罪的妇女中，没有人指认卡塔琳娜是同伙，尽管其中一些人曾遭受过严刑拷打。根据帝国法律，这些被定罪的女巫的指控将是有力的证据。

然后，开普勒谈到了非法酷刑这一重要问题。他反复引用了为数不多的有关法律的评注，指出由可疑证人或在可疑情况下提出的指控不能作为实施酷刑的理由。开普勒宣称，他做过调查，这些妇女都遭受了极端的酷刑折磨："她们对自己和他人所了解的一切，都在难以忍受的痛苦和折磨中被榨了出来。"根据他的报告，在这种"野蛮的酷刑"中，其中一位妇女的拇指被拧断。

开普勒还认为，到别人家里去是一回事（就像他的母亲那样，她善于交际，经常拜访别人），而当巫婆又是另一回事。

如果把这两者联系起来，那么任何一个爱说闲话、不受欢迎的老女人都会受到怀疑。开普勒坚持认为，对妇女行为的普遍反对必须有具体的理由来证实，这样才能证明对巫术的怀疑是合理的。

此外，开普勒还论证，最重要的是区分自然疾病和非自然疾病，他利用各种医学细节使自己的论点尽可能可信。开普勒解释说，所有这些据称由魔法引起的神秘病例，都可以用医学知识和常识来解释："贝特尔斯帕赫（Beitelspacher）四肢瘫了，巴斯蒂安·迈尔（Bastian Mayer）的妻子死了，瓦工的女人大腿开了个口子，洗澡的工匠几个小时里不舒服并呕吐了，斯托费尔·弗里克（Stoffel Frick）的大腿疼了一两天，盖伯斯海姆（Gebersheim）牧师女儿脚疼，丹尼尔·施耐德（Daniel Schneider）的孩子死了，哈勒（Haller）的女儿胳膊疼，耶尔格·贝尔岑（Jerg Beltzen）的母猪死了，奥斯瓦尔德·赞根（Oswald Zangen）的小牛死了，米歇尔·施塔伦（Michel Stahlen）的母牛焦虑生病，但后来又好了……从这些故事和事实中……无法断定有任何巫术起作用；许多患有精神疾病的妇女和许多压抑月经的妇女，她们的月经会通过蒸发寻找另一个出口，这通常会导致精神错乱和头部疼痛难忍。很多妇女在年轻时都有过大量出血的情况，如果这些妇女没有生育能力，过多的血液或胆汁会导致脊柱发炎，引起可怕的头痛——莱因博尔德恰好就是这种情况。每天都有许多男女死于肺病，更多的孩子死于其他疾病。有许多人身体残疾扭曲和跛行。扛重物或用力跳跃的人里，脊椎脱臼的情况并不少见。"

开普勒试图将他的母亲塑造成一位可敬的非专业医护人员。他并不否认他的母亲提供过治疗建议。当卡塔琳娜去布拉格看望他时，向他的妻子芭芭拉（Barbara）讲述了症状和治疗方法。然而，开普勒认为，一个女人多年来的这些经验、观察和实验，再加上她更早的经历，构成了严肃而基本可靠的知识基础，即使不是真正的理论。自然哲学家的权威也是通过完全相同的推理得到证明的。

总之，开普勒的策略是以不同的视角来展示他的母亲——她不是一个年迈的、被边缘化的、迷信的文盲妇女，而是一个敬畏上帝的好公民，她掌握并传承了可靠的医学知识，并使用草药为自己保健。

下一次庭审直到 1621 年 8 月 20 日才在居格林根举行。总督奥尔伯向法官们提交了一份开普勒的辩护词，以及法庭律师加贝尔霍弗对辩护词的冷静驳斥。开普勒和母亲一同出庭，并要求查看最终起诉书。

结果让二人大吃一惊。

通过连贯的论证以及对拉丁语法律注释和神学评论的引用，加贝尔霍弗认定卡塔琳娜必须接受酷刑审问。她被指控多次伤害人和动物；她是一个可疑的人，曾出现在发生过巫术伤害的地方。她的供词自相矛盾，按照法国著名宪法律师让·博丹（Jean Bodin）和其他法律专家的看法，这足以成为实施酷刑的理由。

此外，卡塔琳娜不敢直视控方的眼睛，这让她更加可疑。按照博丹的理论，无法流泪也是运用酷刑的另一个理由——这是种不人道的生理和心理表现。

开普勒的辩护被驳回，法庭认为他只是在铁证面前尽力开脱。当然，辩护也并非毫无效果，和开普勒一起撰写辩护词的蒂宾根法学家，在符腾堡境内对所有罪犯的酷刑使用有决定权。这些学者们下令，给卡塔琳娜·开普勒看刑具。刽子手应该用这种方式来吓唬她并让她招供。

最终，卡塔琳娜没有认罪。

"如果我在折磨和殉难中被迫承认什么，那也不会是真相；我将不得不对自己撒谎。"开普勒的母亲跪在地上感叹道。这一番话被当场的书记官记录下来，成了她无罪释放的关键理由。

开普勒和家人回到了林茨。在那里，他仔细审视了自己的书箱——此时，他一直被一个问题困扰着：这场灾难怎么会降临到他家人的身上？他担心自己也会被指控从事巫术。

他发现了一份题为《梦》的手稿，这份手稿是他在蒂宾根和布拉格创作的，现在他自己也感到内疚。这篇手稿描述了从月球看到的地球，为哥白尼的新日心说辩护，而手稿的序言部分，讲述了一个寓言故事。故事中，儿子住在布拉格，他的母亲通过魔法赚钱，带他去见一个恶魔，恶魔则传授给他关于月亮的知识。

开普勒坚信，这份手稿肯定有抄本流传到了蒂宾根，于是让人们产生了母亲是女巫的想法。他开始对文本进行详细注释，并最终将其印刷出来："因此，我决定通过出版这本小册子，将故事告知世人——这将是对我的对手的公正回应。"他的文章旨在驳倒他的对手。

不过没等这项任务完成，开普勒的母亲便在获释6个月后去世，而开普勒从未向任何人提及他离开林茨12个月的原因。

作者小传

··

乌林卡·鲁布拉克是剑桥大学圣约翰学院早期现代史教授。有关开普勒和他母亲的故事，她著有《天文学家与女巫——开普勒和他的时代》一书。

小常识

··

地方总督的职责是什么？

地方总督是君主任命的官员，与地方法官一起主持法院系统。他们要向君主及其顾问详细报告所有刑事案件（包括女巫审判），发送证人证词并等待判决。不过，在某些情况下，他们的行动要独立得多，尤其是在起诉女巫的案件中。德国文学中最有名的地方总督是席勒的戏剧《威廉·退尔》中的格斯勒，他强迫臣民向奥地利皇家帽子致敬，违背规定者将被判处死刑。

第二章
"每个人都可能会受迫害"

历史学家丽塔·沃尔特默（Rita Voltmer）认为，"猎巫狂热"并不存在，男人同样受到迫害，有些遗毒今日依然存在。

乌韦·克鲁斯曼（Uwe Klußmann）采编

《明镜周刊》：丽塔·沃尔特默女士，人们是什么时候开始迫害所谓的女巫的？这是黑暗中世纪的现象吗？

沃尔特默：女巫审判更像是中世纪与现代早期之间过渡时期的一种现象。当时，学者和普通人相信魔法，相信人们能变出邪恶的东西并与魔鬼订立契约。然而，直到15世纪，各种因素才结合在一起，形成了巫术罪，并越来越多地受到起诉。法律诉讼在恶魔学（研究恶魔活动的科学）中找到了合法性。人们开始想象一种异端的女巫教派，其成员与魔鬼订立契约，否认上帝，并发誓要毁灭受造界。最初的猎巫活动发生在日内瓦湖周边地区，后来向北扩展到阿尔萨斯、洛林公国、卢森堡和荷兰，欧洲南部也相继出现。

《明镜周刊》：对这种迫害有什么解释？

沃尔特默：学者们仍在对此进行讨论。其中一个重要方面当然是当时的动荡：奥斯曼帝国向欧洲推进，新的"异端教派"（如波希米亚的胡斯派）出现，还有导致作物歉收和饥饿的气候灾难。今天我们知道，后者是因为受"小冰河时期"的影响。此外，宗教改革和反宗教改革也带来了信仰上的不确定性。对一些人来说，世界末日、天启似乎近在眼前。因此女巫成为替罪羊，"巫术"为难以理解的事情提供了解释。1450年后，"巫术"概念通过印刷机、小册子和布道迅速流传开来。但原因从来都不是单一的，也没有任何精心策划的总体计划，区域特点都发挥了作用——即使在相邻的土地上，对所谓巫术的司法判决也可能完全不同。

《明镜周刊》：在某些地方，迫害似乎已呈现出集体歇斯底里的特征。这是怎么造成的？

沃尔特默："集体歇斯底里"一词给人的印象是，这种现象与病态妄想有关。然而，这掩盖了实际的过程，没有将参与者及其动机展现出来。许多因素和条件必须结合在一起，才会发生数百人被处决的猎巫事件。最重要的是，某些地方行动者的利益在其中发挥了作用。猎巫可能涉及嫉妒、边缘化、团体或个人竞争、权力诉求、社会和政治冲突等问题。现实存在的恐惧和宗教信仰也起了作用。不过，许多个别审判并没有发展成为猎巫行动，这些差异的存在值得人反思。

《明镜周刊》：人们普遍认为，教会，尤其是天主教宗教裁判所，是迫害的主要实施者。学术界对此有何评论？

沃尔特默：只有天主教会才是迫害女巫的幕后黑手的想法是错误的。这种观念产生于新教启蒙运动时期，在 19 世纪，特别是在俾斯麦的文化大一统时期得到了复兴，并在纳粹时代再次得到了强化。20 世纪 70 年代，还有一种理论认为，国家和教会想要消除妇女对避孕和堕胎的了解，但事实并非如此。当然，天主教和新教的神学家都组织过巫术宣誓，并要求进行审判，实际上是犯罪的实施者。宗教裁判官当然也参与了对所谓女巫的迫害。不过，绝大多数审判都是由世俗法庭进行的。在所有组织中，西班牙和罗马宗教裁判所执行的巫术死刑相对较少。他们倾向于打击新教"异端"，而不是所谓的女巫。值得一提的是，新教也对女巫进行了迫害。

《明镜周刊》：但宗教裁判所不是为迫害和酷刑提供了蓝本吗？

沃尔特默：中世纪的宗教裁判所引入了"宗教裁判程序"，这包括对被指控的犯罪者和证人进行系统的审问。世俗审判也采用了这一程序的很多要素，它们不仅仅是用在猎巫上。那时，酷刑被认为是获取供词的合法手段，同样被用于抢劫、谋杀或盗窃等罪行。最终，"宗教裁判程序"促使法院系统现代化；书面记录具有一定的合理性，陈述被存档，并有可能受到上级法院的审查。

《明镜周刊》：教皇英诺森八世（Papst Innozenz Ⅷ）于 1484 年颁布了一项诏书，使最严厉的猎巫者合法化，比如道明会修士兼宗教裁判官海因里希·克拉默（Heinrich Kramer）。教皇的动机是什么？

沃尔特默：教皇不是真正的发起人，克拉默预先制定了诏书。然而，英诺森随后颁布了诏书，他并不一定要这么做。但教皇会公开拒绝女巫审判吗？我们知道，17 世纪时，一位教皇特使曾在德国旅行，他对随处可见的烧巫木桩感到震惊。在神圣罗马帝国，教皇无权干预世俗法庭的审判。对于那些已经信仰新教的地区和城市，教皇的影响力就更小了。

《明镜周刊》：猎巫运动的受害者是谁？只有女性受害吗？

沃尔特默：大多数情况下确实是女性受害，在天主教地区占 70% 到 80%，在新教地区占 90% 以上。然而，受到迫害的不仅仅是贫穷和年老的妇女。除了部分贵族和高级神职人员外，几乎所有人都会受到影响。在诺曼底、冰岛和瑞士等地区，主要是男性被定罪。还有一些地方，年轻人，甚至是儿童，以及牧师、修女和僧侣也被送上审判台。猎巫运动越是激烈，指控就越是影响到社会的各个阶层。

《明镜周刊》：道明会修士海因里希·克拉默于 1486 年发表的《女巫之槌》（*Hexenhammer*）中，女巫被描绘成放荡的女性。敌视女性的男性幻想在多大程度上成为猎巫运动背后的驱动力？

沃尔特默：《女巫之槌》是总结经验教训之作。克拉默写这部作品是为了鼓励审判更多的女巫，尤其是在世俗法庭。他将罪行主要集中在女性身上，特别谴责了所谓女巫助产士的恶行。但是克拉默写作之时，猎巫运动已经开始。在很长一段时间里，他的著作只有拉丁文版本，因此只有受过教育的人才能读懂，但这并不是女巫审判的唯一原因，也不像今天人们通常认为的那样广为人知。无可争议的是，他的著作中包含了大量厌恶女性的言论。但是，认为妇女身心脆弱，很容易受到恶魔低语影响的观点在当时普遍存在，克拉默没有编造这种观点。

《明镜周刊》：人们常说，这样做的目的是消灭"聪明"的女性和她们的医学知识，事实真是这样吗？

沃尔特默："聪明"的女性作为日耳曼文化的传承者，尤其会被当作女巫受到迫害，这是 19 世纪初的一种现象。雅各布·格林（Jacob Grimm）也对这种思潮有着一定影响。海因里希·希姆莱（Heinrich Himmler）发起的纳粹"女巫特别委员会"也采用了这一说法。20 世纪末，女巫作为叛逆者和特殊女性知识守护者的正面形象又被女权运动宣传开来。这与历史上的女巫关系不大。

《明镜周刊》：猎巫者都是些什么人？

沃尔特默：许多社区都任命了自己的女巫猎人，这些人来自社区内部。其中可能有教区牧师或旅馆老板。这些"猎巫委员会"的任务是在本地发现女巫。这项任务并不容易,毕竟女巫在外表上与常人无异。邻居和家庭成员充当控方证人。定期任命的非专业法官(通常是不学无术的非专业人士)负责法庭审判。有时,这些工作也会受到所谓的"女巫专员"监督,他们是由当局派出的训练有素的律师,负责监督法律规范的遵守情况。然而,这往往会导致相反的结果:猎杀女巫的活动愈发猖獗。从刽子手到为囚犯提供餐饮的旅馆老板,许多参与审判的人都收到了金钱作为报酬,尽管有时数额很小。但经济激励并不是决定性因素,通过猎巫获得的社会声望才是关键。

《明镜周刊》:审判中的举证责任被颠倒了。被告必须证明自己的清白,但经常受到刑讯逼供。这个问题在当时没有引起注意吗?

沃尔特默:早期一些学者明确表示,酷刑会产生巫师。例如,16 世纪下半叶的荷兰神学家科尔内留斯·卢斯(Cornelius Loos)。然而,他强烈反对女巫审判的著作被禁,最后不得不放弃自己的理论。弗里德里希·斯佩(Friedrich Spee)在其《犯罪论》(*Cautio Criminalis*)中也强烈反对酷刑。基本上,在整个猎巫阶段,人们都对罪行和审判持怀疑态度。

《明镜周刊》:在酷刑折磨下,被告人有机会吗?

沃尔特默:这取决于当地领主的情况和法律条件。例如,在卢森堡公国，被告可以在诉讼程序开始之前就向省议会求助。在那里，他们可以坚持要求对巫术指控进行复审。在其他地区，向上级法院请愿也能确保诉讼程序得到复审。这样做的结果是获释，或者酷刑不再那么严厉。但是在信仰路德宗的梅克伦堡，进行的约4000次审判中，有一半被告被处决。

《明镜周刊》：这些受害者往往被公开烧死，在今日看来确实非常残忍，当局为何采取这样的刑罚？

沃尔特默：处决有几个作用。它向所有人表明，当局有能力根除巫术罪行。行刑是恢复被扰乱秩序的标志，威慑也起到了一定的作用，这就是为什么有时一个城镇的居民必须出席处决仪式。他们中的大多数人并不像我们在电影中看到的那样，被直接绑在火刑柱上烧死；他们被锁在火刑柱上，关在草屋中，然后有人点燃草屋，有时受害者会因浓烟窒息而死。受害者往往事先被勒死，这被认为是一种仁慈的行为。

《明镜周刊》：3/4的女巫审判发生在欧洲中部，尤其是德国、瑞士和法国的部分地区。对此有什么特别解释吗？

沃尔特默：几乎所有地方都存在危机，例如农作物歉收、三十年战争或宗教斗争。尽管如此，各地对所谓女巫的迫害程度并不一样。例如，巴伐利亚公国情况较好，普法尔茨选侯则在1560年后一直压制猎巫的案子。巴伐利亚当局控制着诉讼程序，并阻挠地方党派和利益集团发起猎巫行动。相比之下，在中央集权国家尚未发展起来的政治分裂地区,审判要频繁得多。在法国和德意志民族神圣罗马帝国之间,从瑞士到荷兰都有这样的地方。

《明镜周刊》:欧洲各国的情况也大相径庭。波兰的猎巫行动更为严厉,但在邻国俄罗斯,几乎没有任何审判。

沃尔特默:波兰在近代早期饱受严重危机的困扰,最新研究估计,在 16 世纪到 18 世纪期间,波兰有 2000 人到 3000人因牵涉巫术被处决。而在俄罗斯,只有少数对巫术的审判,没有典型的女巫审判,甚至没有猎巫运动。拉丁西方的巫师异端阴谋、邪恶之约的概念在东正教中几乎不起作用。直到 18世纪,俄罗斯共判处了约 130 项死刑,其中大部分是针对男性的。

《明镜周刊》:值得注意的是,当时欧洲的大城市都没有发生过猎杀女巫的事件。这是繁荣和教育阻碍了巫术吗?

沃尔特默:一般来说,在大城市进行的有关黑魔法或巫术的审判相对较少。法兰克福或纽伦堡等帝国城市只允许进行极少数的审判。这当然也是由于相关律师或市议员的教育水平较高。他们通常受过人文主义教育,对"巫术罪"持怀疑态度。然而,即使在较大的城市中,巫术也有很大市场,对巫术的信赖不亚于农村。然而,一些城市当局务实地认识到,巫术审判会给城市带来不和谐、混乱和不安全,为了城市的安宁,他们将这一问题控制在最低限度。因此，他们压制各种谣言和诽谤。这样，他们就有效地铲除了巫术指控的滋生土壤。

《明镜周刊》：在普鲁士，国王早在 1714 年就颁布了限制迫害女巫的法令。为什么小小普鲁士会成为先驱？哈布斯堡帝国几十年后才效仿？

沃尔特默：普鲁士国王的诏书起初并没有明确禁止对女巫的审判，但它将审判和判决与国王的批准挂钩。这一转变可能是受到克里斯蒂安·托马斯乌斯（Christian Thomasius）思想的影响。

《明镜周刊》：这位普鲁士法学家对审判的合法性提出了质疑。

沃尔特默：托马斯乌斯的论点与早先的一场争论有关，即魔鬼是否可以化身为实体，从而影响可见的世界。这个问题至关重要。毕竟，如果魔鬼只是精神上而非物质上的存在，那么他就不可能出现在所谓的"女巫大会"上，而女巫也不可能与他签订契约或发生性关系。通过将魔鬼的作用最小化，这些审理逐渐失去了实质性的基础。然而，更为有效的是对酷刑的控制和禁止，因为没有了酷刑，所谓的巫术供词就无法再被逼出来。

《明镜周刊》：今日学者的猎巫研究，统计出有多少受害者？

沃尔特默：首先，我们需要澄清哪些人应该被算作受害者。除了大约五万至六万名被处决者之外，还有在狱中因绝望而自杀的人，或被邻居用私刑处死的人，或在酷刑中幸存下来并被释放或流放的人——他们往往身受重伤。许多审判记录已经遗失，因此有许多案件没有被报道。然而，数十万或数百万人死亡的说法纯属虚构。

《明镜周刊》：我们可以说整个欧洲都出现了猎巫狂热吗？

沃尔特默：现代女巫研究越来越少地使用"猎巫狂热"这一术语，因为它无法解释任何问题。整个欧洲从未发生过大规模、相互关联的猎巫活动。只有拉丁基督教派有过类似活动。为了分析原因，我们有必要具体研究当地的情况，而教派本身并不是决定性因素。在信仰路德宗的丹麦、挪威北部，17 世纪发生了严重的猎巫事件，而在天主教占主导地位的爱尔兰，几乎没有任何女巫审判。又比如，信仰加尔文教派的苏格兰有大约 2500 人被处决。这种现象无法用简单的公式来诠释，似乎没有单一因果关系的解释。

《明镜周刊》：如今，在电影及其他媒体、民间传说中，比如在《小女巫》（*Kleine Hexe*）① 或《哈利·波特》（*Harry Potter*）中，巫婆题材依然广泛存在。是什么让这一主题如此

---

① 德国作家奥得弗雷德·普鲁士勒（Otfried Preußler）于 1957 年出版的童话书籍，被翻译成 47 种语言。——译者注

吸引人？

沃尔特默： 如果对女巫形象进行积极地诠释，它可以成为叛逆、淘气的女性特质和自我实现的象征，是亲近自然、神秘思想和新异教的投射面。女巫还可以作为宣传中吸引眼球的噱头。然而，"猎巫"仍然是一个具有政治性和社会爆炸性的话题，因为它让我们认识到与当前排斥过程相似的结构。因此，处理历史上的女巫问题仍然十分重要，在教育界也是如此。

作者小传

....

历史学家丽塔·沃尔特默目前在特里尔大学担任客座讲师。1996年以来，她撰写了大量有关猎巫主题的文章，数次担任编辑，并参与展览设计。她的著作《女巫》（*Hexen*），解答了许多有关猎巫历史的问题。

小常识

....

什么是"女巫邪教"？

自中世纪晚期以来，女巫理论家们提出了异端女巫教派的概念。根据这个概念，有一些个人或团体，主要是妇女，与魔鬼签订了伤害他人的契约。据称，这些女巫在"女巫大会"上与魔鬼会面，甚至与其发生性关系，她们可以骑着棍子或恶魔飞行（也可以借助"女巫药膏"飞行），并对人、动物或物品施咒。巫术崇拜的概念将古老的民间信仰与新的、以理论和神学为基础的女巫观念结合在一起。

第三章

与魔鬼结盟

魔法的概念由来已久，但在中世纪晚期，魔法的概念发生了重大变化。与此同时，人们开始迫害和杀害女巫。

托尔本·穆勒（Torben Müller）供稿

1437 年，教皇尤金四世（Papst Eugen Ⅳ）向所有"堕落的异端调查员"发出了明确的警告：魔鬼引诱了一些基督徒，以至于他们将自己献祭，对魔鬼顶礼膜拜。那些被撒旦附身的人与鬼魅签订了契约，他们只需通过言语、手势或触摸，就能做出任何恶行或施行巫术。

这种危害教会和社会的严重罪行不能不受到惩罚。教皇命令他的信徒们起诉并惩罚所有魔鬼的帮凶，必要时他们还会得到主教甚至当地政府的帮助。所有这些都是为了打击一种新的犯罪——巫术，这在欧洲已经被越来越多地谈论起来。

巫术一词于 1419 年首次出现在卢塞恩（Luzern），源于古高地德语"Hagzissa"。这可能是当时人们对生活在篱笆或树篱中的恶魔的称呼。另一方面，现代女巫一般被认为长着人脸，住在普通房子里，却是恶魔的同伙。渐渐地，这些恶魔的法术传遍了欧洲大部分地区，引发了一波又一波的猎巫浪潮。

　　魔法一直是人类日常生活的一部分——在当时，它既不被视为迷信，也不被视为妄想，而是人们可感知的现实的一部分。在古代，祭司通过鸟的飞行来预测未来；运动员使用魔法咒语来召唤神灵和亡灵帮助他们取得胜利。甚至在中世纪，人们也享受着魔法师提供的各种服务。然而，魔法行业的顾客并不总是只对自己的事情感兴趣，有时他们也想伤害同时代自己讨厌的人。这种黑魔法被称为 maleficium，与无害的白魔法相比，在当时属于犯罪，会受到惩罚。《萨克森之鉴》（*Sachsenspiegel*）成书于 1220 年左右，其法律主要适用于德国北部和萨克森地区，其中明确规定对施有害魔法者处以火刑。

　　基督教会仔细审查所有形式的魔法。早在 5 世纪，天主教早期教父奥古斯丁（Augustinus）就将召唤异教神灵的行为称为背离真正信仰，并指责任何信奉古老仪式的人都是在与魔鬼订立契约。然而，在很长一段时间里，基督教宗教领袖不敢对其社区中的迷信采取行动。在中欧和西欧的传教区，教会的力量仍然过于弱小。此外，教士们自己也经常练习魔法——当然是偷偷地——因为所受的教育和所处的地位，他们经常会接触到有关魔法的禁书。

　　教会的学者们将夜间在空中飞行的魔法视为迷信。906 年，普吕姆（Prüm）修道院院长雷吉诺（Regino）在一本信徒教育手册中写道："同样不能忽视的是，一些再次皈依撒旦的邪恶女人被邪灵的伪装和幻想所诱惑，她们相信并声称自己在夜间与异教徒的女神戴安娜（Diana），以及无数的女人一起骑在某些动物身上，在寂静的深夜中长途跋涉。"

这篇后来被纳入教会法的文章，认为魔鬼玩弄女性只是一种假象，目的是在人们中间散布不信教的言论。这种观念在中世纪晚期发生了转变。那时，很多神职人员相信，"女巫"真的会飞。这背后是魔法和巫术形象的改变。它的出现还因为教会内部出现了敌人——异教徒，俗称"异端"。

从 11 世纪起，这些教义偏离官方路线的异端基督徒运动开始蔓延，尤其是在法国南部和意大利北部。在他们眼中，天主教会已经堕落为一个腐朽、贪婪的组织，只为增加财富和权力而存在。

"清洁派"① 将教会的万能和堕落解释为世间万物都由魔鬼

① Katharer，又称为纯洁派。中世纪的基督教派别，受到摩尼教思想的影响，相信善恶二元论，坚持禁欲。该教派兴盛于 12 世纪与 13 世纪的西欧，主要分布在法国南部。由于该教派于 1145 年传入法国南部的阿尔比，因此又称阿尔比派。教宗英诺森三世屡次想要同化该教派，最终失败。1209 年，英诺森三世发起十字军来进行武力镇压。这场近 20 年的战争极大地削弱了该教派，随后宗教裁判所最终在 1350 年消灭了清洁派。——译者注

统治的标志。这正中当权者下怀：他们反咬一口，将异教徒称为撒旦崇拜者。由于受到迫害，清洁派教徒经常在夜间秘密集会。天主教徒将这些集会斥为魔鬼的犹太教堂和安息日狂欢——他们故意使用了犹太教的术语，导致犹太教被边缘化，成为基督教的反面。神职人员向人们讲述了一些匪夷所思的事情，据说都发生在这种聚会上。

比如，恶魔会以猫的形式出现，而异教徒在这些集会上亲吻恶魔的肛门，向其表示自己的敬意。他们甚至与恶魔发生性关系。一般来说，聚会是一次性爱狂欢，在聚会上怀上的孩子未经洗礼就会被屠杀和焚烧，而他们的骨灰则被吃掉。同时，这些异教徒还妄图用魔法来破坏世界与基督教的联系。

天主教会对异端运动做出了强有力的反应：它成立了宗教裁判所，这是一个以迫害异教徒为己任的权力机构。1231年，教皇额我略九世（Papst Gregor IX）派遣宗教裁判官前往受影响地区，负责调查异端活动并惩罚叛教者。从 1252 年起，宗教裁判官还被授权对嫌疑人实施酷刑。

不过死刑判决的执行权则交给地方司法机构。宗教裁判官的工作既依赖于当地居民的支持，也依赖于他们的合作意愿。单靠他们自己，根本无法对付异教徒。

随着时间的推移，教皇的裁判官们改变了看法。以前，巫师被视为个体罪犯，而到了 14 世纪末，他们越来越被视为具有威胁性的魔鬼教派的一部分。此外，在 15 世纪上半叶，魔鬼契约、与撒旦性交、有害咒语、女巫大会以及女巫飞行等个别异端罪行合并成了一种新的、包罗万象的罪行——巫术罪，巫术的概念由此诞生。

不过，最初巫术的传播范围仅限于意大利北部和法国东南部的阿尔卑斯山山麓以及法国—瑞士西部的阿尔卑斯山区。14 世纪 30 年代初，卢塞恩法院书记员汉斯·弗吕恩德（Hans Fründ）发现了"女巫和魔法师的异端"。

1428 年，在上瓦莱（Oberwallis）州和邻近的萨沃伊（Savoyen）州，有 200 名男子和妇女因涉嫌臣服于魔鬼和吃小孩等罪行而遭到迫害和处决。第一次女巫审判发生在法国—意大利—瑞士边境地区绝非偶然。数十年来对瓦勒度派①的迫害以及道明会传教士文森特·费雷尔（Vincent Ferrer）等布道者有关世界末日的演讲，都为这一事件的发生奠定了基础。

但新的巫术学说是怎样从那里传播到欧洲大部分地区的？1431 年至 1449 年在瑞士贸易重镇巴塞尔（Basel）召开的巴塞尔宗教会议，作为一次大公会议，可能起到了决定性的推动作

---

① 瓦勒度派是约从中世纪兴起的基督教教派。在教义上接近加尔文的归正宗，以上帝的圣言为信仰和生活的唯一准则。它被当时的罗马天主教会视为异端，也因此受到大迫害。现在它被新教视为宗教改革的先声。——译者注

用。约 500 名常驻代表和来自欧洲各地的约 15 万名学者和神职人员参加了这次会议，并讨论了教会当前的问题。

根据历史研究，他们还广泛讨论了巫术问题，但这并没有出现在议程或会议记录中。不过，那些年出版了几篇论文，报道了巫术相关的发展和审判。例如，道明会的约翰内斯·尼德（Johannes Nider）于 1437 年出版了关于巫术学说的关键著作《蚁丘》（*Formicarius*）。教皇尤金四世也在大公会议期间向宗教裁判官发出警示。

参加大公会议者把新现象相关的消息带回了家，并在当地进行了报道。通常在不同地方执行任务的宗教裁判官和刽子手也将这些消息传递出去。就这样，所谓撒旦盟约的消息通过贸易和运输路线从阿尔卑斯山西部经过德国、洛林和卢森堡传播到莱茵兰、荷兰和德国北部。消息还传到了法国西部和北部以及意大利北部。

活字印刷术的发明加速了猎巫运动的传播。讲述所谓异教徒暴行的小册子和图文并茂的传单不再需要手工抄写，而是可以大量分发。

1486 年，海因里希·克拉默出版了这一新宣传体裁中最有名的一本书。三年前，这位来自阿尔萨斯的道明会修道士从教皇英诺森八世那里获得委任诏书，肯定了巫术教派的存在，克拉默成为宗教裁判官。尽管如此，他后来还是被主管主教赶出了因斯布鲁克（Innsbruck），因为他在那里折磨了七名被指控的妇女，歪曲了她们的证词，并拒绝为她们提供法律帮助。

在这一番失败之后，他写下了《女巫之槌》这本书，该书首先以拉丁文 *Malleus Maleficarum* 为书名出版。在书中，他谴责任何怀疑魔鬼仆人存在的异端邪说，呼吁世俗法官起诉和惩罚女巫。他还详细解释了如何识别和处决女巫。克拉默特别针对女性，他认为女性天生就特别容易受魔鬼的引诱，原因只有一个：性爱。"一切都源于肉欲，而肉欲在她们身上是贪得无厌的，"他写道，"这就是为什么她们还必须与魔鬼交媾，以满足自己的欲望。"《女巫之槌》印刷了 29 版，不过克拉默没有能活着看到自己的作品取得巨大成功。1560 年后，这本书才在社会上产生重大影响。

克拉默写这本书也是出于对教会和世俗社会中怀疑论者的不满，他们居然怀疑女巫的存在。早在 15 世纪，新撒旦教派的教义就在许多地方得到了广泛传播。神父们宣扬世界末日和与魔鬼的决战；"小冰河时期"毁掉了农民的收成，教会内部根深蒂固的争论让人们感到不安，对生活不幸的解释来得正是时候。从那时起，如果孩子夭折，奶牛生病或男人无法勃起，女巫都要为此负责，并可能因此受到惩罚。

因此，并非只有教会才敌视巫术，并出于宗教原因组织迫害。世俗统治者和教会统治者都对所谓的撒旦盟约采取行动，因为根据新的学说，巫师是在对抗神圣的秩序，因此也是在对抗精英们的世俗权力。

此外，巫术指控还可以作为一种工具来为自己谋利。高层人士可以利用巫术铲除政敌，普通人也可以利用巫术除掉不受欢迎的邻居。统治者在不稳定的地区举行女巫审判，以显示其权威。城镇和市镇进行审判是为了获得或维持自己的管辖权。

数十年间，猎巫运动的频率并不相同。由于普遍存在的危机，例如在 1440 年、1450 年和 1480 年前后，猎巫的浪潮反复席卷各国，当然并非涉及所有地区，程度也不尽相同。但当收成欠佳、物价上涨或流行病肆虐时，猎巫活动就会如火如荼地展开。

16 世纪初，天主教会在宗教改革中失去了在中欧许多地区的控制权和影响力，而对猎巫持怀疑态度的人的话语权逐渐上升，于是迫害在很大程度上陷入了停滞。但这只是暂时的停顿——在现代早期，跟踪、酷刑和处决的风暴才真正开始。

小常识

··

"女巫诏书"

　　教皇英诺森八世于 1484 年 12 月 5 日颁布了一份诏书，被称为"女巫诏书"，它有力地推动了对巫师的迫害。在这份文件中，天主教会的领袖提到了由魔鬼煽动的巫术给人类带来的巨大危险，邪恶的男女巫师已经背离了基督教信仰。由于南德意志的许多省份、城市和教区没有充分认识到这一危险，教皇授权道明会修士海因里希·克拉默，也就是《女巫之槌》的作者，负责领导那里的宗教裁判所。

第四章

"无辜的我被逼死"

1626 年，班贝格主教区发生了一场残酷的猎巫浪潮，其背后是政治斗争、宗教狂热和贪婪。

马丁·普法芬策勒（Martin Pfaffenzeller）供稿

1626 年 5 月底，寒冷的北风横扫德国南部。冰雹砸在地上，水坑结冰，甚至池塘上也结了一层冰。树叶变黑，田里的黑麦和大麦枯死。

霜冻也摧毁了弗兰肯小镇美因河畔蔡尔（Zeil am Main）的收成。市长约翰·朗汉斯（Johann Langhans）在日记中写道，所有的葡萄酒和"珍贵的谷物"都被冻住了，这种情况自他记事起从没有发生过。

粮食歉收给镇上的许多居民带来了灾难。他们的粮食储备已经耗尽，因为参加三十年战争的雇佣军前几年曾在该地区大肆劫掠。朗汉斯记录道："物价飞涨"。在维尔茨堡附近，一斗 ① 黑麦的价格是正常年份的 10 倍。

---

① 这里的斗为德语的 Scheffel。一斗的体积各地区不尽相同，从 17.38 升至 310.25 升不等。巴伐利亚一斗为 222.357 升。——译者注

朗汉斯记录道，蔡尔的居民开始寻找替罪羊。一群愤怒的市民质问市长，"恳求"政府对那些用巫术"糟蹋粮食"的女巫采取行动。朗汉斯无奈之下便通知了班贝格主教，因为蔡尔在主教的领地内。不到三周后，一个女巫调查组来到这个小镇，寻找被指控的巫师和女巫，让他们招供并对他们进行惩罚。

1626 年夏天，德国历史上最残酷的迫害浪潮到来。审判记录、编年史和信件显示了一系列连锁反应是如何开始的：女巫专员们根据越来越多的指控，逮捕了数百名嫌疑人，跟踪他们并用火刑烧死他们。

班贝格的文件显示了统治者在迫害女巫方面发挥了关键作用。1626 年的霜冻也影响到了其他地区，鉴于那时人们普遍相信巫术，因此许多地方的民众可能都要求对巫师进行迫害。然而，当其他君主对暴民的愿望只是三心二意地回应或根本不回应时，班贝格教区的权贵们却似乎一直在等待着一个大肆审判女巫的时机。

事情怎么会变成这样？为什么迫害在这里变得不可收拾？

班贝格主教区始建于 13 世纪中叶，当时一个法兰克贵族家族逐渐衰落。这个家族的土地便落到了班贝格主教的手中，主教还接管了司法权——只有主教能够决定死刑判决。在其他方面，主教的地位也与其他地方的伯爵、公爵或选帝侯类似。

1552 年，班贝格成为教派冲突的中心。邻近的勃兰登堡库尔姆巴赫（Kulmbach）侯爵入侵主教辖区，掠夺天主教堂，并建立路德教区。虽然班贝格主教在盟友的帮助下击退了进攻者，但教区北部和东部的一些地区仍然忠于新教。

16 世纪末，巴伐利亚公爵敦促班贝格主教对新教徒采取行动。巴伐利亚将班贝格主教区视为抵御北方新教势力的缓冲地带。自 1591 年以来一直担任主教团成员的内塔德·冯·图恩根主教亲王（Neithard von Thüngen）迫于压力不得不行动起来。他这样做大概不是出于宗教信仰，因为他并不是一个特别严格的天主教徒：尽管主教应该守节独身，他还是生了五个孩子。但主教知道，一旦发生战争，教区就要依靠天主教势力提供军事援助。因此，内塔德命令领地内的新教徒要么皈依天主教，要么搬出主教区。不过，这位主教很少使用武力，在一些地方，新教徒甚至殴打他的使节。

气候变化加剧了宗教动荡："小冰河时期"是一个寒冷的阶段，冰雹和霜冻频繁出现。极端天气事件发生后，许多地方的巫师和女巫被指控是罪魁祸首。1580 年至 1600 年间，德国南部地区的刽子手烧死了约 2000 名巫师和女巫。

班贝格主教区的民众也怀疑他们的邻居涉嫌施放有害的咒语，但主教对此的反应却相对温和。鉴于原罪满满的生活方式，他本人可能并没有被魔鬼和地狱的恐惧所困扰。他为什么要关心一个所谓的女巫邪教呢？此外，猎巫意味着费力不讨好，而且很难带来任何政治利益。

内塔德治下，大多数审判都以法官将被指控的女巫驱逐出境而告终。只有49岁的玛加丽塔·伯默林（Margaretha Böhmerin）的案件大不相同：在酷刑下，她承认自己受到了魔鬼的引诱。两周后，刽子手架起火堆，将她烧死。她留下了5个孩子和17个孙辈——这是班贝格主教区有记载的第一起女巫被烧死的事件。

迫害行动就此结束。显然，调查人员没有询问玛加丽塔在女巫大会上的舞伴是谁。直到1598年去世，内塔德再也没有对猎巫表现出任何兴趣。

他的继任者约翰·菲利普·冯·格布萨特尔（Johann Philipp von Gebsattel）对天主教教义的诠释更加自由。他组织奢靡的宴会，甚至生了七个孩子。他似乎对人们对女巫的恐惧漠不关心——在他统治期间，只有一次女巫审判，嫌疑人还被无罪释放。

约翰·菲利普还对留在班贝格主教区内的新教徒采取宽容政策。一位巴伐利亚使节向慕尼黑报告：主教不希望强迫任何人信教；相反，应该允许每个人"自由决定"是否信教。这是对巴伐利亚公爵的挑衅。

1608年，这位温和派主教去世后，天主教势力向班贝格主教区的选举人施加压力，选举了他们心目中反新教的候选人：约翰·戈特弗里德·冯·阿施豪森（Johann Gottfried von Aschhausen）。

当选几个月后，约翰·乔治二世加入了天主教联盟，这是一个反对新教国家联盟的军事联盟。新任主教还对教区内的路德教派采取了行动。然而，约翰·乔治二世最重要的决定是任命弗里德里希·福尔纳（Friedrich Förner）为副主教。

福尔纳副主教认为，人类正处于与邪恶的最后决战中。他在布道和著作中散布说，魔鬼正在实施一种双重战略：一方面，它用异端路德教和加尔文派来困扰基督教；另一方面，它利用恶魔、巫师和女巫来引诱人们。

在写给罗马教廷的一封信中，福尔纳报告了他于1610年左右在克罗纳赫（Kronach）举行的一次驱魔仪式。一个恶魔化身为驴和狼，杀死了几个人。这个恶魔也曾出现在他面前，而他通过祈祷驱走了它。

1612年，约翰·戈特弗里德主教要去罗马旅行五个月，因此副主教接管了教区的事务。几周后，一场针对克罗纳赫寡妇莱娜·潘策林（Lena Pantzerin）的女巫审判开始了。

在提出指控之前，莱娜和她的女婿之间存在长期的家庭纠纷。女婿指责她给他喝了有三只蜘蛛的汤。在审讯期间，莱娜承认自己会一些小法术：她曾用一根树枝架在火上，抓住了一个偷水果的小偷，因为这个法术让小偷肚子疼。但这还不足以定罪——还需要供认恶魔和女巫大会。

法庭从萨克森请来了一位刽子手，他用柳条抽打莱娜，刑讯逼供。最后，莱娜供出了据称在女巫大会与她一起狂欢的人的名字。不久之后，她就死于这场折磨，尸体被烧毁。

根据她的口供，当局逮捕了更多的嫌疑人。刽子手又获得了一名男子和四名妇女的供词。班贝格主教区确认了这几个人的死刑判决；1613 年，刽子手执行了他们的死刑。

主教从罗马返回后，班贝格的女巫迫害有所缓解。克罗纳赫当局不再进行新的逮捕，并释放了其余的嫌疑人。不过，此次审判仍然是地方性事件，没有扩散开来。

福尔纳很快就迎来了下一次猎巫机会。这次起因不是家庭纠纷，而是天气。1616 年，霜冻和干旱摧毁了粮食和葡萄酒的收成，而由于缺乏食物，痢疾开始肆虐。

小城蔡尔的居民指控邻居们使用巫术，市长朗汉斯在日记中记道，当年 7 月，伊丽莎白·比克林（Elisabeth Bücklin）被捕。

班贝格的调查人员也在追查指控，并逮捕了多萝西娅·伯默林（Dorothea Böhmerin），她可能与于 1595 年被处死的玛加丽塔有亲戚关系。嫌疑人在刑讯逼供下指控哈尔施塔特（Hallstadt）的人，引发了当地的迫害浪潮。

福尔纳大概率是这场迫害的幕后推手，因为当时班贝格主教正在维尔茨堡。主教的律师起草了一份有 101 个审讯问题的目录：谁在女巫大会上点火？谁是厨师？谁演奏音乐？在严刑拷打下，被审讯者不断说出新的名字。随后，调查人员对这些名单进行了梳理。

审判给国库带来巨大负担。每次审讯巫师专员能挣 1 古尔登，书记员能挣 1/4 古尔登。除此之外，还要为被囚禁的人提供食物和看守，而审判往往要持续数月。焚烧仪式也很昂贵：将一具尸体完全化为灰烬需要大量木材。但是，为了铲除世间的邪恶，焚烧是必须的——即使一些人是以相对温和的方式处决的，如被剑刺死或勒死，他们死后，尸体也必须放入火中焚烧。

被告人家属要支付法律费用。然而，1616 年至 1619 年的迫害对象主要是短工、皮匠、纺织工及其妻子，这些底层人的家庭几乎没有任何收益。很快，旅馆老板、狱警和女巫专员关于未付索赔的起诉状就堆积到了班贝格法院。

负责班贝格教区财政的是格奥尔格·哈恩（Georg Haan）。哈恩的专业是法律，到达班贝格后一直在温和的约翰·菲利普主教下任职。1619 年，他切断了对女巫审判的资助，当时刽子手已经杀害并烧死了至少 96 人。

目前还不清楚是什么驱使哈恩这样做。也许他从根本上对猎巫持怀疑态度，因为他自己的母亲也曾被指控过。或许他也是出于对国家预算的担忧，因为班贝格主教区参加的天主教同盟已经卷入了布拉格抛窗事件①。

无论如何，哈恩此举树敌颇多。法院理事会的一些成员还兼职担任女巫专员，以补贴自己的薪水——根据文件，其中一人的年收入翻了一番多。

1622 年，主教约翰·乔治二世去世。历史学者布里塔·盖姆（Britta Gehm）在谈到他对迫害的影响时写道：翻阅档案，我们不会觉得他是迫害的推动者。他的责任在于，他允许副主教福尔纳周围的狂热分子为所欲为。

在继任者的选举中，福尔纳的心腹约翰·乔治二世·福克斯·冯·多恩海姆（Johann Georg II Fuchs von Dornheim）胜出。新任主教向教区最后的新教势力派遣了士兵，而迫害女巫的人也可以依靠新主教的支持继续活动。

与此同时，三十年战争向着有利于天主教联盟的方向发

---

① 这里的抛窗事件是指 1618 年第二次抛窗事件，第一次发生在 1483 年。1618 年 5 月 23 日，波希米亚首都布拉格的新教徒发动起义，冲进布拉格城堡，以侵害宗教自由的罪行将两名帝国大臣及一位书记共三人从窗口扔出。他们侥幸坠落堆肥中而未受伤，随即逃至斐迪南国王处报告造反。1619 年新教徒成立临时政府，由 30 位成员组成，推举腓特烈五世为王，宣布波希米亚独立，引发白山之战，虽以惨败告终，但战后的严酷处置却酿成深刻影响欧洲的三十年战争。——译者注

展：华伦斯坦（Wallenstein）和蒂利（Tilly）将军在德国北部大获全胜，慕尼黑和维也纳的人们已经开始期待帝国重新天主教化。

不过，对于副主教福尔纳而言，与恶魔的决战才刚刚开始。他在布道中警告说，魔鬼会释放巫师和女巫进行最后的攻击。福尔纳要求：主教大人需要正义之剑来惩罚为魔鬼服务的巫师和女巫，抵御这个恶贯满盈，充斥着欲望、耻辱、亵渎和诅咒的可怕深渊。

1626 年 5 月底，不寻常的霜冻似乎证明了他的判断是正确的。在蔡尔，一群人聚集在市长家门前抗议，要求狩猎女巫，随后主教派他的女巫专员前去调查。

猎巫于是出现连锁反应：7 月，专员逮捕了 13 岁的保罗·吕格海默（Paul Rügheimer），他承认与魔鬼私通，并指控其他来自蔡尔的人。

当地的监狱很快就不够用了，因此不得不在城墙的塔楼上修建新的牢房。

与过去不同的是，现在的审判不仅针对下层阶级，也针对富有的市民。当蔡尔镇议会的一些成员公开反对猎巫时，女巫专员们毫不犹豫地逮捕了他们。小镇上几乎所有的居民都在迫害名单上，因此一开始就有很多人表示怀疑。

朗汉斯市长在他的日记中记录了被处死者的名字。第一次行刑日期为 1626 年 10 月 10 日："五名女巫"被判处死刑，"她们五人先是被刀剑砍死，然后被烧成灰烬"。市长还记载道，班贝格的一位建筑能手为了节省焚烧仪式上的木材，还建造了一种用砖砌成的专用炉子。

然而，他的日记在 1628 年 2 月就结束了——因为市长本人也锒铛入狱。在刑讯逼供下，他承认在 1626 年的瓦尔普吉斯之夜与其他女巫一起策划了那次霜冻。他亲吻了魔鬼的屁股——根据庭审记录，魔鬼的屁股长满了毛，而且有一条"绿色的山羊尾巴"。

不久之后，朗汉斯被执行火刑。此时，审判已经蔓延到了班贝格，因为两地的居民保持着密切的联系。从 1627 年起，建筑商们在市中心建造了一座"邪恶之屋"（源自拉丁文 maleficium，意思是邪恶的诅咒、有害的魔法），里面有几十间关押嫌犯的牢房。当地一些居民逃到了安全的纽伦堡避难。

巫师专员们还对自己的政敌下手：1627 年 12 月，他们逮捕了财务大臣哈恩的妻子和女儿，并对她们严刑逼供。

哈恩火速赶往斯佩伊尔（Speyer），向帝国枢密法院申诉，这是当时唯一可以推翻地方领主判决的法庭。不过，班贝格的猎巫专员们加快了审理程序，将生米煮成熟饭，连帝国枢密法院也没有办法。

不久之后，哈恩本人也遭到了攻击。他在宫廷中的敌人伪造了一份文件，将他前往斯佩伊尔的旅程污蔑为图谋不轨、背叛领主。班贝格主教偏听偏信，允许对哈恩展开调查。

迫害者最后在法庭前进行了一场公开表演，哈恩不得不承认了自己的所有罪行。1628 年 7 月 14 日，刽子手砍下了他的头，然后将他的尸体和另外六具一起扔进了火堆。

不久后，猎巫也波及班贝格市长约翰内斯·朱尼厄斯（Johannes Junius），他被关在邪恶之屋时，写信给自己的女儿："祝你十万个晚安，亲爱的维罗妮卡！我是无辜的，被送进监狱，被折磨，被逼死。无论是谁来到了这座房子，都会变成一个巫师，直到他不得不胡编滥造，否则就会不停地被折磨。愿上帝怜悯！"

朱尼厄斯随后描述了他被审讯的过程，并敦促他的女儿逃走。信的结尾写道："我平静地死去。别了，你父亲不会再见到你了！"

信虽然被截获了，但他的女儿逃出了猎巫专员的追捕范围。

猎巫专员们毫不留情地继续追查。最晚从 1628 年开始，他们使用了比通常的鞭刑更残忍的酷刑，如拧腿和拇指，或将双臂反绑吊起。刽子手会将鲱鱼泥和盐强行塞进嫌疑人的嘴里，然后什么也不给他们喝——口渴的感觉一定很难受。更糟糕的是"班贝格女巫浴"，用热水、胡椒和未焙干的石灰灼烧人的皮肤。

与 1616 年至 1619 年的猎巫浪潮不同，检察官现在可以用被定罪者的财产为诉讼提供资金。然而，一些专员显然并不满足于他们的酬金，很快就开始没收受害者的钱财、物品和房屋，以中饱私囊。历史学者盖姆写道，"财富从潜在受害者手中转移到了迫害者手中"。

但在 1629 年 12 月，女巫专员们犯了一个错误。他们逮捕了一名据称有权势的女巫：22 岁的多萝西娅·弗洛克（Dorothea Flock），她出身于纽伦堡一个有影响力的家族，其兄弟曾在皇帝身边担任官员。弗洛克当时还怀有身孕。

她的亲属向宫廷提起上诉，因为根据法律，孕妇不能遭受酷刑。与此同时，弗洛克在牢房中生下了一个女儿。

为了防止帝国干涉，猎巫人加快了诉讼程序。1630 年 5 月 17 日清晨 6 点，刽子手在邪恶之屋将多萝西娅斩首。45 分钟后，一个代表团带着帝国令来到这里，要求释放嫌疑人。

现在，这个问题引起了皇帝、维也纳红衣主教和教皇的重视，他们开始反对班贝格猎巫运动。官员们发现了许多违法行为：迫害者在没有证据的情况下对嫌疑人施以酷刑，并最终以"私人原因"没收了他们的财产。更糟糕的是，在弗洛克一案中，迫害者无视皇帝诏书，藐视了帝国的最高权威。

但就在这些调查进行的同时，猎巫仍在继续。1630 年 12 月，刽子手用烧红的铁钳肢解了两名妇女，然后将她们的尸体焚烧。直到第二年，主教才屈服于帝国的压力，任命了新的首席女巫专员。不久之后，他释放了最后一批嫌疑人。

就在此时，三十年战争的战局发生了变化。1632 年 2 月，瑞典军队攻占了班贝格。福尔纳在此之前已经去世，而约翰·乔治二世仓皇出逃，不久之后死于中风，年仅 47 岁。那些猎巫专员们则躲进了修道院，大多数人销声匿迹，连档案都难以找到。

猎巫者屠杀了大量居民。在蔡尔，可能有一半的居民被处死，而在班贝格，很多家庭全家遇难。仅在 1626 年至 1630 年的审判中，就有 642 名受害者被记录在案。未报告的案件数量可能更多：历史学家估计，在主教区，宗教狂热、个人贪婪和政治权力斗争的残酷态势可能导致 1000 多名被指控的受害者丧生。

小知识

帝国枢密法院是什么？

帝国枢密法院由皇帝马克西利安一世（Maximilian Ⅰ）于 1495 年创建，是神圣罗马帝国的最高法院，与帝国议会并列。帝国枢密法院负责审查一审判决：如果臣民想对主管法院的判决提出疑问，可以向帝国枢密法院提出上诉。然而，刑事案件（包括女巫案件）自 1530 年起被明令禁止上诉。不过，如果被告怀疑审判过程中存在错误，仍可向帝国枢密法院提出上诉。如果出现程序错误，他们可以通过法院获得针对迫害者的临时法律保护。例如，枢密法院的法官禁止通过神明审判（例如将被告沉入水中来判断是否有罪）来获取证据，坚持在酷刑开始前进行适当辩护的可能，拒绝单独监禁，并要求亲属和律师自由接触被拘留者。当家庭中有人被指控施巫术时，主要是有权势的家庭会向帝国枢密法院求助。

第五章

邪恶力量和致命魔法

在近现代初期，对大多数人来说，魔法就像巨怪或幽灵一样，是日常生活的一部分。人们非常害怕村里秘密行事的女巫。

大卫·诺伊豪泽（David Neuhäuser）供稿

当治安官赶到迈克尔·缪勒（Michael Müller）位于洛林梅兴根（Merchingen）的家时，为时已晚：这位短工在一场突如其来的大病后去世了。治安官注意到，缪勒的尸体肿胀得很奇怪。当地人说，缪勒在死前一直指控劳尔斯·芭贝尔（Lauers Barbell）是个女巫，是她毒死了他。治安官对此并不感到意外。不久前，几个因为巫术而被审问的人都指控了芭贝尔。对她的审判很快就开始了。同年，即1593年，她被活活烧死。

近代早期的猎巫运动引发了大规模恐慌。15世纪，神学家和猎巫人创造了一种学说，认为女巫是基督教信仰和人类的终极敌人，她们与魔鬼及其党羽们签订了契约。与此同时，欧洲各国乃至世界上任何地方都认同魔法的存在，这种认同比教会的历史还要悠久。当时淳朴的人们深信，他们被魔法所包围。他们的世界里有精灵、仙女、复活者、吸血鬼和巨人，他们相信这些人就在村庄和田野之外徘徊。有时会发现一些似乎来自这个世界的文物，如石器时代的箭头。圣人、魔物、玛丽和魔鬼也是这个世界的一部分。神学家认为民间这些都是迷信，而农村居民则认为自己是虔诚的基督徒。

欧洲农村居民依赖魔法是不难理解的。例如，医疗中魔法就很重要。人们相信，疾病是由恶魔引起的，比如，恶魔会以蠕虫的形式进入人体，或者是黑魔法师的恶意咒语导致生病。

因此，生病时向懂得白魔法的专家求助是再自然不过的事了。这些治疗师认为自己是虔诚的基督徒——来找他的农民也有同感，尽管他们都知道魔法的力量不仅可以用来做好事。基督教的祈祷和祝福是治疗魔法的核心部分。纸上的圣经经文或被供奉的物品也被用作护身符。还有将疾病转移到物体、动物或死人身上的仪式。

1609 年，埃尔巴赫（Erbacher）教区的牧师描述了这样一种习俗：当地妇女触摸死者的大脚趾，然后默默地离开，不打招呼——这或许是一种仪式，目的是将自己的疾病神奇地转移到尸体上，从而使其消失。

然而，魔法不仅用于疾病。算命先生可以通过读牌、掷硬币、转动色子、照魔镜或水晶球来找到丢失或被盗的物品，并帮助抓小偷。那些希望借助魔法获得财富的人可以拿着占卜棒寻找财宝，或者召唤神灵、恶魔和圣人充当宝藏守护者。有隐身和无敌咒语，有抵御鬼魂、恶魔和黑魔法的咒语，还有对付小偷、老鼠和害虫的咒语。人们随身携带珊瑚、写有魔法公式的纸条、十字架和护身符，这些护身符上据说有神奇的植物精灵——曼德拉草人，家中也有这些符咒。大家甚至使用特殊的保护咒语来抵御子弹和雷击。农村人并不认为这一切是邪恶的。恰恰相反，敬畏神灵的生活被认为是抵御邪恶势力的重要组成部分。

女巫是人们恐惧的集中点，这使得魔法防御措施很有必要存在。这种情况在猎巫之前就已如此，在猎巫之后也没有改变。欧洲从未有过统一的女巫概念，更不用说全世界了。自史前时代起，黑魔法就一直陪伴着人们。对巫婆的信仰历经千年而不衰，在东南亚、美洲、欧洲，尤其是非洲部分地区一直盛行。时至今日，巫婆的威力依然不减。

世界各地的人们都相信女巫会飞，会变成动物。女巫可以有多种形态：猫、兔子、狗、驴、鸟、昆虫，在挪威甚至还有鲸鱼。据说有时她们还能骑狼。在英格兰和匈牙利，据说女巫的邪恶伙伴总是以动物的形态出现——猫、蟾蜍、蜥蜴或鸡。

在困难时期，人们害怕巫师，甚至直接将灾难归咎于巫师。小冰河时期的寒冷冬季和看似无法解释的天气现象就为人们对巫师的恐惧和仇视创造了完美的条件。历史学家沃尔夫冈·贝林格（Wolfgang Behringer）认为巫术是这一时期的典型罪行，"因为，巫师对天气负有直接责任"。

寒流和冰雹毁掉了收成，狼群饿着肚子走出森林，家人围在火堆旁时，痴痴地听着可怕的故事。故事里的女巫几乎不像人类——红眼睛，铁牙齿，刀枪不入，而且总是渴望吃孩子的肉。她们和荒野狩猎的亡灵、狼人一起出现在故事中。

但在日常生活中，人们真正害怕的是村里的女巫。他们深信，女巫完全是人类，生活在农民中间，秘密施展她的害人魔法。她可以利用自己的能力偷东西，带来疾病和死亡。

村里的女巫绝不是我们今天所想象的那个住在村子边缘歪歪斜斜的小屋里的老草药医生。事实上，猎巫主要针对助产士和"聪明的女人"的说法缺乏科学依据。被指控的巫师几乎可以是任何人，无论男女老少、贫富贵贱。在被定罪的人中，女性显然占大多数，部分原因是在许多地方，女性被认为比男性更接近魔法。但对魔法的信仰有其自身的规则：任何突然变得富有的人——拥有大量牛奶、谷物和各种物品——都会招致怀疑。他或她是否在魔法的帮助下致富？是不是在邻居们没有注意到的时候偷了东西？

根据历史学家赖纳·瓦尔茨（Rainer Walz）的观点，现代早期村庄的农民具有"总和思维"。这意味着，人们将所有可利用的物品和资源视为一个固定的数量。因此，邻居财富的突然增加必然会对自己不利，对其会巫术的怀疑也就不远了。

但是，即使是一个被拒之门外，一气之下离开的乞丐，也可能被指控诅咒富人。那些慷慨地为邻居和田间工人提供食物的人，可能要为别人突如其来的疾病负责。而任何卷入争吵甚至家族世仇的人，除了受到侮辱和威胁之外，有朝一日还可能被告知犯有巫术罪。这种诽谤并不总是认真的，但一旦这种指控在世界上流传开来，事情就会不断升级。

谣言流传了很多年，却不一定引起任何行动。来自利普（Lippe）伯爵领地的阿德尔海德（Adelheid）和赫尔曼·彼得（Herman Peter）夫妇在 26 年前就被怀疑是巫师，但直到此时才被指控并受调查。多年以来，人们与女巫相依为命，无论她如何扰乱村庄的日常生活和秩序。而民众对女巫使用魔法对社区成员进行致命报复的恐惧，意味着公开迫害女巫的开始。

这通常取决于假定的女巫是否在与对手交锋后不久，有人突然遭遇不幸，可能是冰雹，也可能是痴呆，不过通常与生病的牲畜，或房屋、农场遭受的损害有关。

这种交锋也不仅仅限于大吵大闹，一个触摸、一个手势或一个邪恶的眼神就足够了。如果是在吃了捐赠的食物后发病，大家马上就会想到毒药——这是女巫最喜欢使用的伎俩。如果在女巫身上发现可疑的粉末、骨头或蜡像，那就证据确凿了。但对许多人来说，即使是谣言也足以证明一切。一旦引起怀疑，邻居们往往会想起几个月或几年前发生的事情，然后将其重新解释为巫术。

抵御魔法攻击的第一种，也是最常用的方法是和解仪式。受害者向女巫求助——并不一定明确要求解除诅咒——女巫会以善言和祝福作为回应。如果她这样做了，冲突通常就会得到解决。被指控为女巫的人也可以主动和解并去看望病人。

如果灾难发生时没有任何嫌疑人，你可以向村中最受欢迎的巫师求助。他们通常会承担指认女巫的任务。他们通常也是下令举行和解仪式的人。如果没有和解，其他村民可以尝试安抚女巫，与她和解，或者完全避开她。将事情诉诸法庭并非易事，也很少成为首选。

但是，在猎巫运动展开后，许多地方对女巫的传统待遇戛然而止。在一波又一波的女巫恐慌中，越来越多的审判和处决发生了，尤其是在莱茵河及摩泽尔河地区，越来越多的白魔法术士和预言家成为受害者。他们惊恐地意识到，自己敬畏上帝的手艺被定义为魔鬼的杰作。

例如，来自莱姆戈（Lemgo）的威肯·克劳斯（Wicken Klaus）就是这样的人，他曾帮助识别女巫，并专门寻找失物。这位魔法师是如此受欢迎，以至于第一次公开处决他时引发了一场骚乱。但是这并没有帮到他，在刽子手第二次行刑时，他未能幸免。

律师和施刑者通常对民间魔法只是略知一二——他们往往

对被告的供词束手无策。巫师与精灵和其他奇幻生物的相遇被重新诠释：巨魔、妖精、精灵都变成了恶魔。宗教裁判官有时会专门询问囚犯有关仙女的情况——至少中世纪法国宗教裁判官贝尔纳多·吉（Bernardo Gui）的手册是这样记载的。然后，裁判官们往往从被告那里得到有罪判决所需的一切。

律师眼中，女巫的神学形象与民众的巫术信仰之间唯一的相似之处在于有害魔法的观念。虽然普通人认为他们日常使用的魔法并不邪恶，但他们坚信女巫具有破坏力。如果当地已经有其他女巫被定罪，这可能会鼓励他们彻底消除自己村子里潜伏的危险。猎巫热像疾病一样蔓延开来。

当然，有时这种审判也会影响到把自己视为女巫的人。毕竟，你也可以试图利用黑暗力量来达到自己的任何目的。这样的女巫实际上可以故意恐吓一个村庄，从邻居的恐惧中获利。如果她下了诅咒，有时很可能会达到预期的效果。人们对女巫力量的恐惧使诅咒成为现实。现代研究表明，非洲和加勒比海部分地区的伏都教中的诅咒，甚至可以让深信魔法效果的受害者心脏停止跳动。

在她们的供词中——有些是刑讯逼供的结果，有些则是自愿供述的——女巫们报告了夜间飞行，与黑暗生物结盟以及女巫大会的情况。即使在当时，受过教育的人也已经开始怀疑这些说法的真实性。这只是想象，还是另有隐情？对于猎巫人来说，事情很清楚：魔鬼在引诱人们，并通过女巫传递力量，以摧毁基督教。对于农村居民来说，威胁同样真实，但与魔鬼的关系不大。

令学者们恼火的是，村民们仍然坚持把有害的力量归咎于女巫本身。在许多地方，人们甚至相信女巫的力量会在一个家庭中代代相传。在普通人眼中，魔法遵循着明确的规则。因此，也可以用魔法来对付它。

教会在博学的神学家和普通人之间的角色定位并不明确。乡村神父常常用自己的仪式来补充神奇的民间信仰：田间游行以及对农庄、牲畜和田地的祝福都是为了驱除诅咒。十字符号也有同样的作用；祭品、十字架、蜡烛和圣水自然也被用于祭祀活动，而朝圣以及对圣人和圣物的崇拜则一直是为了抵御黑魔法。

猎巫人如此令人信服地论证邪恶巫师的存在，在普通人看来，确保自己得到这种保护就显得更加必要了；许多乡村神职人员也有同样的看法。因此，在布道台上驱除人们魔法信仰的努力注定要失败。

即使在猎巫期间受到大规模的威胁和惩罚，对魔法的信仰没有任何改变。那个时代已经足够艰难，人们不能也不愿没有白魔法。

这种情况一直延续到现代。1900 年左右，在萨克森州开姆尼茨附近的弗洛哈（Flöha），人们仍在借助魔法仪式治疗重病："病人买一个新鲜鸡蛋和一口新锅。在购买时不允许讨价还价。然后他把一杯水倒进锅里。接着，他用红线或丝带在鸡蛋上交叉系上两张窄纸条。他在纸条上写三次自己的名字，并在每张纸条后面贴上四个十字架。然后，他把鸡蛋和水一起放进锅里，让它沸腾半小时。"1913 年，医生卡利·赛法特（Carly Seyfarth）这样描述村民的做法，这种仪式是为了将疾病转移到另一个对象身上——就与 500 年前的做法如出一辙。仪式的实施者要么是病人自己，要么是他的亲属，做完这一切，就把锅拿到一棵桦树下，深埋在地下，最后以念诵一段祈文结束仪式。

小常识

....

人们害怕什么咒语？

　　根据当时人的理解，巫师会被指责做各种坏事。除了天气咒语（如干旱、闪电、冰雹）、丰收咒语或疾病咒语（如腰痛）之外，人们还相信爱情咒语（如痴情或阳痿）、奶咒语（如母亲或哺乳动物不产奶）或梦咒语（如噩梦）。人们还相信女巫会变成动物，她们会杀死孩子，还应对怪胎负责。

第六章

两位巴尔塔扎的恐怖统治

在富尔达修道院，猎巫法官的个人利益加剧了迫害；梅尔加·比恩（Merga Bien），一位普通公民的妻子成为受害者。

本诺·斯蒂伯（Benno Stieber）供稿

布拉修斯·比恩（Blasius Bien）最后得到了一张 91.50 古尔登的账单，这笔钱要付给富尔达的巫师审判官巴尔塔扎·努斯（Balthasar Nuss），用于囚禁、折磨和处决他的妻子梅尔加·比恩。努斯把这个女人像动物一样关在一个小马厩里折磨了几个星期，然后在 1603 年秋天的某个时候把她当作女巫烧死，而她的丈夫要为此买单。

从目前所知的梅尔加·比恩的生平来看，她是富尔达中产阶级的一员。大龄的她嫁给了一名中产阶级公务员。在教区记录中，她被列为教母。这表明她有钱，而且名声很好。然而1603 年席卷富尔达的猎巫运动还是没有放过她。

富尔达修道院是神圣罗马帝国的教会领地，由一位贵族修道院院长统治，迫害女巫的时间很短，但特别残酷。1603 年至 1606 年，在院长巴尔塔扎·冯·德恩巴赫（Balthasar von

Dernbach）的第二个任期内，估计有 250 名妇女被迫害致死。这位激进的反宗教改革主教究竟是利用猎巫来打击新教徒，还是为了获得人民的支持而屈服于公众舆论，这一点尚存争议。无论如何，他让他的巫师审判官巴尔塔扎·努斯自由地从事残酷的勾当，而后者擅长利用迫害为自己谋利。

努斯是位忠诚的仆人，起初他可能是位新教徒，因为他为一位新教骑士贵族服务，还曾经亲手杀死过一名天主教神父。1575 年，努斯开始担任森林守卫，后来为富尔达修道院院长管理马厩——他的辉煌职业生涯就此开始。

但努斯的发迹似乎不是那么顺利——德恩巴赫于 1576 年被迫流亡。作为一个宗教激进主义道德家，他和修道院里有影响力的改革派闹翻了，甚至还得罪了富尔达的天主教神职人员。为了"净化"教会，反对宗教改革精神，他将教会神职人员的姘头悉数抓了起来，并让她们戴枷罚站示众。这些教士于是与新教徒联合起来，在维尔茨堡主教的帮助下，把德恩巴赫赶出了富尔达——努斯也跟着主人逃走。26 年后，当德恩巴赫从流放地回到富尔达修道院复职时，他不遗余力地完成了富尔达重新天主教化的使命。此时，他的任务还包括迫害女巫。

努斯再次站到主子身边。对于院长来说，他是个能干粗活的人。据说，他在自己的圈子里有一个绰号叫"谎话连篇巴尔扎"（巴尔扎是巴尔塔扎的缩写）。后来在审判中，证人说他

"一生中除了擦马和擦马鞍，什么也没学会"。1602 年，这位曾经的马夫被德恩巴赫任命为地区法官。

而原来称职且忠诚的法官不得不卸任。议员们对这一决定表示怀疑。但德恩巴赫可能很清楚自己在做什么：据说他为自己的所作所为辩解说，除了努斯，他不能相信其他人。可以想象，作为一个虔诚的天主教徒，德恩巴赫相信女巫与魔鬼签订契约。在他返回富尔达之前，猎巫行动就已经开始了，至于他在多大程度上利用猎杀女巫来报复对手，或者说是迫害新教徒，这一点不得而知。但专制产生的恐惧确实巩固了他的权力。

德恩巴赫赞同猎巫，甚至亲自推动猎巫，这一点从他让维尔茨堡的法学院澄清在哪些情况下这种审判原则上是合法的就可以看出。弗兰肯主教府的法学教授们赞成猎巫，因此他们的回答中列举了 13 点：比如所谓的供词，即在酷刑下指控他人是女巫。不过，教授们解释说，不应该只针对特定人群开展行动。

倘若至少有三个不同的人作出这样的供词，被告就会受到酷刑，然后被判刑。如果供词被撤回，也可以重复刑讯。但也有一些限制：维尔茨堡的法律学者禁止没收被定罪女巫的财产，以用于支付法庭或者其他费用。

正如梅尔加一案所显示的那样，修道院的巫师审判官没有遵守这群法学家列出的一些限制。梅尔加是一个相当富有的皮匠的女儿。她在十几岁时就嫁给了一位老人；不久老人去世，她继承了所有财产，其中也包括她自己的嫁妆。在经济状况还算不错的情况下，她再次结婚，嫁给了杂货商克里斯托夫·奥尔特（Christoph Orth）。不过这次婚姻短暂且不幸——她的丈夫和两个孩子相继去世。梅尔加的家人应该死于瘟疫，不过按照法庭的指控，是她毒死了自己的家人。梅尔加第三次结婚——这在当时实属罕见。丈夫布拉修斯·比恩是一名公务员，他在修道院担任过各种职务，曾为米歇尔斯罗姆巴赫（Michelsrombach）和洪费尔德（Hünfeld）教区的区长工作，后来自己还成为村长。这对夫妇后来搬到了富尔达，在对梅尔加进行审判之前，没有任何证据表明这对夫妇有任何违法或犯罪行为。

但是，1603 年 6 月 19 日，努斯逮捕了梅尔加，并将其关在马厩里。稍后，审判在努斯家进行。目前还不清楚这位妇女究竟是如何落入女巫猎人魔掌的。有可能是她的母亲或姐姐受严刑拷打后指控了她，这两个人确实都被烧死。邻居们指控梅尔加掌握有害的咒语，还会像女巫一样飞。米歇尔斯罗姆巴赫的市长则声称，在比恩一家搬走后，他家的两头牛死了，一头牛病了。一位澡堂小工和一位仆人声称看到梅尔加从护城河上空飞过。多年前，梅尔加的第二任丈夫和他们的孩子相继死去，据说这显然是她投毒。另外，在 14 年未生育后，梅尔加入狱前再次怀孕——被怀疑与魔鬼有染。

但是，梅尔加的丈夫布拉修斯是一名公务员，他显然了解法律和秩序。在一名律师的帮助下，他就妻子被捕和不人道的监狱条件向帝国法院提起诉讼。事实证明他是对的，法院要求改善监禁条件，禁止对怀孕的梅尔加施以酷刑。如果发现她是无辜的，应立即释放。但是，帝国法院的法官们也没有办法在当地执行他们的判决。

努斯则玩起了两面派，以便继续审判梅尔加。一方面，他向帝国法院保证，会满足其所有要求，但他知道法官们不会核实这一点。另一方面，他对布拉修斯声称，他的妻子早已承认了指控。努斯威胁布拉修斯说，如果他继续制造麻烦，修道院长肯定会迁怒于他。于是，布拉修斯停止了一切营救行动。

梅尔加遭受了数周的折磨，据说她最后发出哀求："上帝啊，还是快给我一个了断吧。"然后，她于 1603 年秋天被烧死，而仅在这一年，就有 60 名妇女死于这种刑罚。

努斯在这个过程中中饱私囊。猎巫是项利润丰厚的生意，而他也确实需要钱。为了显示自己的社会地位，努斯购买了庄园，并且第三次结婚。但是由于入不敷出，他欠了一屁股债，债主中甚至还包括修道院院长。

这可能也是他在多达 300 起案件中向猎巫行动受害者的

亲属收取所谓的监禁和酷刑费用的原因之一。他的迫害欲和贪婪甚至不止于上层阶级。被他指控施巫术的贵族妇女就算及时逃离了教区，也会收到传票要求接受巫术审判。努斯还威胁说，如果她们不接受审讯，他将没收她们在教区的财产。这显然也是非法的。不过，努斯的恐怖时代随着 1606 年修道院院长的去世而结束了。德恩巴赫的继任者与宗教狂热分子恰恰相反。在努斯的盲目迫害下受苦受难的人终于沉冤得雪：那些被指控的女巫的亲属起诉了这位前巫师审判官。但他们显然不敢攻击女巫审判本身的合法性，只是要求赔偿被女巫猎人收取的不公正的费用。诉讼显然符合新时代的要求，努斯因此被捕。富尔达修道院对女巫的迫害就此停止。

曾被关在监狱里饱受折磨的数百名女幸存者们，集体向帝国法院申诉，要求改善监狱的不人道条件，而法院接受了她们的建议。至于监狱的状况是否确实改变了，这一点不得而知，但是努斯在坐牢期间可以接受探视，他还和自己的妻子生了四个孩子。

与此同时，在富尔达，昔日的支持者开始对他的案子进行审理。已故修道院院长的兄弟和埃伯哈德·韦尔（Eberhard Werll）博士都在法官之列，后者是德恩巴赫时代的高级公务员，也是努斯猎巫运动的坚定支持者。他们自然在审理上一拖再拖，估计是出于人情而故意推迟了诉讼程序。

不过这最终还是没能保护努斯。1618年，经过12年的审判，法院根据因戈尔施塔特大学的建议，判处努斯在"仓促、草率且不人道的猎巫"中滥用职权，决定对其执行死刑。同时他还必须偿还受害者家属478塔勒。此时努斯已经73岁了，身体赢弱，多次中风，身体一侧已经瘫痪。12月5日被执行死刑时，他甚至无法自己走到行刑区。

对女巫猎人努斯的死刑判决仍然是帝国的一个特例。同时，它也推翻了女巫审判倡导者的一个重要理论：上帝不会处决无辜之人，所以所有死罪绝对无误。富尔达吸取了教训；虽然帝国很多地方的猎巫运动仍未达到高峰，但是在两位巴尔塔扎的恐怖统治结束后，富尔达教区再也没有进行过任何一次女巫审判。

小常识

猎巫运动中，大学的法律专家扮演了怎样的角色?

大学法学院被要求为女巫审判提供专家意见，结果却事与愿违。有时他们会确认严厉的判决，但有时也会减轻判决。作为"专员"和君主的授权代表，法学家成为法官和未受过学术教育的非专业法官的顾问。事实证明，对法律专员的物质奖励是场灾难。例如，根据1607年的科隆女巫审判条例，专员的报酬取决于逮捕令和判决的数量。1572年，萨克森律师为猎巫提供了理论支持，认为魔鬼"引走"的不是人的身体，而是"灵魂和精神"。不过，法律专家也可以在有疑问的情况下为被告辩护。

第七章

君主和他的恶魔们

考察欧洲的情况，表明是什么助长了人们对女巫的恐惧。保守的新教对妇女来说非常危险。

安杰丽卡·弗朗茨（Angelika Franz）供稿

1589 年的万圣节，100 多名女巫聚集在北伯威克（North Berwick）的教堂里。北伯威克是苏格兰东洛锡安（East Lothian）的一个海滨小镇，位于福斯湾（Firth of Forth）南岸。女巫们在教堂院子里跳起了欢快的舞蹈。随后魔鬼把她们领进了教堂，在蓝色烛火的照耀下，魔鬼叫出了她们每个人的名字，询问她们的功绩，并教导她们以后要多做坏事。最后，魔鬼袒露自己的屁股，让在场的人亲吻。听完布道后，在场的女巫们兴高采烈地开展工作。

这些女巫迫害的目标是魔鬼的敌人——詹姆士六世（James Ⅵ）。撒旦的手下们制造了一场风暴，差点让国王和他年轻的丹麦新娘丧命。女巫们制造了一种有毒的药水，放在王宫的门楣上或门槛下。她们还得到了一件詹姆士六世的衣服，用来诅咒他，最后甚至塑造了一个国王的蜡像，将其放在炉火上熔化。

以上的记录来自审判这起阴谋迫害国王事件的法官。对北伯威克女巫的审判持续了两年，最终有 70 名女巫被定罪：一位当地的村医，艾格尼丝·桑普森（Agnes Sampson）于 1591 年 1 月遭受严刑拷打后被砍头，尸体被焚化；当地学校的校长约翰·菲安（John Fian）在被执行火刑时，身体已经被火焰吞噬，还大喊自己无罪；甚至国王的一位表亲弗朗西斯·斯图尔特（Francis Stewart）也卷入这场风波，贵为博斯维尔伯爵，也被指控行巫。不过，他在行刑前设法逃脱了。

然而，北伯威克女巫审判的不同寻常之处既不在于被告人数众多，也不在于判决的严厉程度，而在于国王本人亲自参与。詹姆士六世宣布，对北伯威克女巫的定罪和判决由他亲自主持，任何人不得干涉。他本人的健康受到威胁，北海的暴风让他险些丧命，未能从丹麦接来新娘——这些女巫的行径给了他沉重打击。

詹姆士六世那时王位不稳，他的母亲玛丽·斯图亚特（Mary Stuart）被伊丽莎白一世处死。尽管他作为伊丽莎白的亲戚，从继承权上来说无可指摘，但是人们对他成为英格兰君主有很大意见。此外，作为一名受洗的天主教徒，之后又改宗信仰国教，两大宗教派别对他都不够信任。而这时，魔鬼亲自选定詹姆士六世作为自己的敌人，给他带来新的光环，让他在天主教徒和新教徒中间获得支持。

仅仅六年后，苏格兰猎巫运动再次爆发。一位名叫玛格丽特·艾特肯（Margaret Aitken）的妇女在受酷刑后声称，她可以通过观察女巫的眼睛认出她们。众人热情地把她从一个城镇拖到另一个城镇，让妇女们排队，以便艾特肯能深入观察她们的眼睛。随后，数百名妇女被审判。

直到玛格丽特·艾特肯所谓的能力被揭穿是谎言后，法院才停止了已经开始的审判。同年，詹姆士六世国王出版了一本名为《恶魔学》的小册子，他在书中以理智的方式探讨了巫术问题，并与那些艾特肯指认的女巫保持距离。

至此，苏格兰最严重的猎巫运动结束了。尤其是统治者很快又被其他问题所困扰：1603 年，詹姆士六世继承了伊丽莎白一世的王位，不得不面对一个完全不同的敌人：好战的天主教徒，他们想要圣公会国王的命。从那时起，他把全部精力都放在了对天主教徒的迫害上。

一些零星的猎巫运动出现在苏格兰，通常是民众煽动造成。1661 年，苏格兰农民抗议，要求哈丁顿（Haddington）伯爵将一些女巫绳之以法，否则他们就罢工，不耕种土地。

1705 年，小渔村皮滕韦姆（Pittenweem）的村民还动用私刑。爱丁堡的法院拒绝审判四名被指控实施巫术的妇女，这些村民将其中一名被告珍妮特·康福特（Janet Cornfoot）拖到海滩上，在她身上放了一扇门，并不断用石头将门压住，直到她在海滩上被溺死。

苏格兰的猎巫和欧洲的情况类似：在大多数情况下，猎巫并不是有组织的大规模行动——詹姆士六世的猎巫是个特别的例外——而是在村庄和社区中私下进行的。一个地区的组织越复杂，就越容易受到过度猎巫的影响。由众多小国组成的神圣罗马帝国受到的影响最为严重，被迫害的女巫中有一半在其境内被处死。这是因为被指控的女巫和审判她们的法官距离太近。

女巫居住地的接近加上因此而产生的威胁感，刺激了女巫审判。此外，基层司法单位的法官往往受过最基本的培训。在缺乏组织严密的司法机构控制的情况下，每个人都可以自由地发挥，通过作秀式的审判为自己扬名，从而使自己的存在合法化。

在伊比利亚半岛上的猎巫则完全不同。在这里，所有案件都要提交给西班牙或者葡萄牙的宗教裁判所。那时，宗教裁判所已经发展成为欧洲最现代化的审判机构。中世纪，宗教裁判所没有所属的中央权力机构，审判往往以酷刑和揭发为基础。此时的宗教裁判所已经受到严格监管，判决以大量法律文件为基础，而酷刑被认为是一种极其落后的手段。

而最重要的是，宗教裁判所认为自己的首要任务是清除异端——猎巫并不是最主要的任务。如果有异端指控，这类案件当然会被提交给地方法庭。不过，被告通常会被从轻发落，如罚款或驱逐出社区，而不是处以火刑。

根据不完全统计，在西班牙的 3500 多起女巫审判中，只有约 30 名女巫被处死，而葡萄牙只有 7 名女巫被处死。当然，这些数字并不能表明整个伊比利亚半岛的居民没有对猎巫运动的狂热。实际上也出现过局部大规模的猎巫运动。比如，加那利群岛的居民对巫术的恐惧根深蒂固。当地的童话故事中充满了邪恶的形象，如吸食婴儿鲜血的女巫或化身为骆驼的魔鬼。在这样的背景下，当地人热衷于猎巫，认为上级法院量刑过轻。1691 年，一名被指控施巫术的妇女被暴徒们用乱石砸死。1754 年，宗教裁判所建议，所有女巫审判需要在大陆上举行，避免被告在岛上受私刑。

在与法国交界的比利牛斯山等边缘地区，宗教裁判所在当地没有影响力，但女巫受到的迫害比在西班牙其他地区更为严重。1610 年至 1614 年间，巴斯克地区甚至发生了德国之外欧洲最大规模的猎巫行动。约有 7000 人受到审判。这一势头最终得以遏制，主要归功于一个人：唐·阿隆索·萨拉萨尔·弗里亚斯（Don Alonso Salazary Frías）。

当这位当时还很年轻的神父被任命为洛格洛诺的宗教裁判官时，当地的猎巫运动已经全面展开。弗里亚斯开始了孜孜不倦、一丝不苟的工作。他仔细审查了约 2000 起案件，研究了庭审记录，比较了证词，检查了没收的魔法物品。最后，与他年长同事们的意见相反，他得出结论：大多数指控都是毫无根据的幻想，被告是无辜的。

在他的坚持下，宗教裁判所高级理事会于 1614 年终止了巴斯克猎巫运动。同年，弗里亚斯发表了一份备忘录，呼吁对猎杀女巫的行为进行理性和仔细的审查。这本备忘录后来成为西班牙宗教裁判所的主要行为准则。

猎巫运动在一些地区还是持续爆发，尤其是在比利牛斯山区。但是，当地法庭只有在被愤怒民众煽动而进行审判时，才会判处死刑。弗里亚斯的著作在西班牙境外也产生了很大影响：罗马宗教裁判所也严格按照他提出的标准来开展工作。

巴斯克女巫审判之所以备受关注，不仅因为被告人数众多，还因为儿童所占比例很高。共有 1384 名未成年人接受宗教裁判所的审讯。其中一名女孩被指控与魔鬼发生了性关系——据称性行为太过激烈，以至于她差点流血过多而死。弗里亚斯让一些妇女帮忙，谨慎地调查此事。妇女们宣布女孩的处女膜完好无损，于是她只受到了宗教裁判官的训斥。

不过，总体而言，在整个欧洲，猎巫活动的受害者中很少有儿童。男性也只占被定罪者的四分之一左右，但这一比例因国而异，有时甚至因地而异。造成这种不平衡的原因之一在于各地区对巫术的定义。在巫术与异端邪说联系更紧密的地方，男性更容易受到指控。在天主教地区，人们对异端邪说的恐惧往往比对巫术的恐惧更强烈，因此被处死的男性比其他地区高30%。

与此相对应，在巫术等同于性放荡和诅咒的地区，猎巫主要针对妇女。《女巫之槌》中明确指出，"所有的巫术都来自女人贪得无厌的肉欲"。在保守的新教地区，被定罪的女性占比高达90%。

阿拉贡地区的统计数尤其能说明情况：17世纪上半叶，宗教裁判所审理的所有巫术案件中，男性占72%。但是同一时期，地方法院审理的巫术案件中，几乎所有被告人都是女性。

被指控犯有巫术罪的男女人数大约相等的国家中，芬兰是其中之一。在审理的641起案件中，被告为女性的占325起，316起为男性。被处死的277名被告中，女性为144人，男性为133人。

在芬兰，行巫传统上被认为是男性所为。人们可以请一些智者或巫医为人类和动物的健康或捕鱼时的好天气施小法术，也可以请他们为不受欢迎的竞争者带来不利。因此，芬兰人对巫术的大多数指控与魔鬼无关，而是关于风暴或病畜等。

直到16世纪60年代，法官尼尔斯·普西兰德（Nils

Psilander）将他在图尔库大学学习期间，从德国和瑞典同事那里了解到的女巫大会和性放荡的新奇想法带到了芬兰，针对妇女的猎巫活动才在芬兰爆发。

不过，整个斯堪的纳维亚半岛举行的女巫审判相对较少，共有 2000 人死于火刑。但是受审人数相对较少也主要是因为人口稀少——当时整个斯堪的纳维亚半岛只有约 220 万人。

在挪威，迫害女巫的情况与芬兰类似。位于挪威最北端的芬马克（Finmark）是人口最稀少的地区之一，受到的影响尤为严重。即使到了今天，那里每平方公里也只有 1.5 个居民居住，其中许多人是萨米人；他们在 17 世纪仍然信奉古老的萨满教。因此，萨米人受到基督教邻居的歧视，但是，在影响天气或福祉方面，基督徒们很乐意寻求萨米巫师的帮助。

1601 年，芬马克发生了斯堪的纳维亚半岛的第一次猎巫审判：两名男性被指控使用巫术杀死了国王的使者。1617 年，一些女性被指控通过巫术引发一场风暴，导致 40 名渔民丧生。

17 世纪中叶，猎巫风气发生了转变：对男性的审判仍然是针对恶劣天气和生病的动物，而妇女甚至儿童现在主要被指控与魔鬼有染。芬马克的情况很快就变得歇斯底里。在瓦尔德（Vardø）、基伯格（Kiberg）、埃克洛伊（Ekkerøy）和瓦德瑟（Vadsø）等渔村，许多妇女被绑在火刑柱上烧死，最后甚至波及男性。

与挪威一样，瑞典最初也是风平浪静，而当时在欧洲大陆，猎巫已经十分猖獗。在 1608 年之前，只有当有人因巫术死亡时，巫师才会受到惩罚。然而，后来的一项新法律从字面上解释了《圣经》中的一段话："不可让女巫活着"（《出埃及记》22:17）。从此，所有形式的巫术都会让相关巫师被处以死刑。

然而，瑞典的女巫狩猎活动真正兴起的时间是 16 世纪 40 年代，当时参加三十年战争的雇佣兵返回家乡——他们给当地人带来了关于女巫狂欢的传说和恐惧。位于瑞典中部的达拉纳（Dalarna）省受到的影响最大；欧洲南部的战争改变了村庄。男人们都去打仗了，现在该地区男女比例为一比二。男人们的离开让妇女们变得坚强、独立。她们中的许多人从未有机会结婚。

1668 年，拉尔斯·埃尔维乌斯（Lars Elvius）牧师捅了马蜂窝。一个牧羊男孩被 12 岁的格特鲁德·斯文斯多特（Gertrud Svensdotter）殴打，他向牧师投诉。男孩声称，格特鲁德能在水上行走，因为她与魔鬼勾结。当埃尔维乌斯询问这个女孩时，她承认自己经常和邻居的女仆梅雷特·琼斯多特（Märet Jonsdotter）一起飞往瑞典布莱库拉（Blåkulla）参加女巫大会。一份供词套出另一份供词，在这一年结束之前，17 个成年人被绑在火刑柱上烧死，148 个孩子——其中大多数只是遭到女巫绑架的无辜者——被鞭打或受刑。

达拉纳的猎巫运动像野火一样蔓延开来；长达八年的时间里，这个国家的火刑柱熊熊燃烧——瑞典人至今依然记得那个猎巫年代，并称其为"大噪音"（Det stora oväsendet）。1675年，一股猎巫浪潮席卷了斯德哥尔摩；但是这里的法官训练有素，审判非常谨慎。1676年9月11日，一名孩子在法庭上承认自己撒谎，整个证据链坍塌了，所有的供词被撤销，指控也被撤销。

此后政府下令正式终结猎巫运动。为了将法令落实到每一个村庄，政府命令牧师们在教堂里祈祷："感谢上帝，女巫现在被永远驱逐出瑞典了！"

在所有斯堪的纳维亚国家中，丹麦对女巫的迫害最为残酷。早在15世纪40年代，路德宗主教彼得·帕拉迪乌斯（Peter Palladius）就在讲坛上抨击天主教徒和女巫。后来当局采取反制措施，才制止恶行：从1547年起，被定罪的罪犯发表的言论不能再被用来谴责他人。酷刑也被禁止；只有在判处死刑之后，酷刑才是合法的。这些措施被证明还不够充分时，1576年又增加了一条法律：每项死刑判决都必须经过高级法院的复审，然后才具有法律约束力。

尽管如此，据说丹麦仍有约1000名女巫死于火刑。最著名的丹麦女巫审判可能发生在1590—1591年的哥本哈根。当时，人人惧怕的女巫阿内·科尔丁斯（Ane Koldings）被关在丹麦首都的监狱里。在接受审问时，她指控包括赫尔辛格（Helsingor）市长的妻子在内的五名妇女在一个名叫卡伦·韦弗斯（Karen Vaevers）的女巫家中用巫术制造风暴：她们会把小恶魔放在木桶里，送到船上，从桅杆上释放狂风。

哥本哈根女巫审判最终导致 13 名妇女丧生。然而，它的意义远远超出了这个小王国的国界。因为小恶魔们所乘坐的船上有着显赫的乘客：苏格兰国王詹姆士六世和他年轻的丹麦新娘安妮公主。

第八章

萨勒姆的堕落

"新大陆"的清教徒定居者也发起过猎巫运动。煽动这场迫害的知识分子至今仍被认为是美国殖民时期最重要的伟大人物之一。

弗朗克·帕塔龙（Frank Patalong）供稿

1692 年，一场猎巫运动席卷了马萨诸塞州萨勒姆（Salem）村及其周边地区，这个小村只有 500 人。萨勒姆可以称得上是美国的"国父"村：1620 年，"五月花"号登陆美洲，这群逃避宗教迫害的狂热清教徒定居在这里。这些定居点成为后来美国诞生的源头，不过他们的宗教狂热却很少有人讨论。

　　新大陆的猎巫运动与欧洲几乎没有什么不同。1692 年 1 月 20 日，牧师 9 岁的女儿伊丽莎白·帕里斯（Elizabeth Parris）和她 11 岁的表姐阿比盖尔·威廉姆斯（Abigail Williams）出现了一些症状，医生诊断为巫术所致。3 月 1 日，治安官开始公开审理。每项指控都会导致逮捕，没有任何指控显得过于荒谬。

　　4 月初，对女巫的搜捕蔓延到了整个郡，并首次对男性提出了巫术指控。波士顿甚至有人被捕。5 月 27 日，总督下令开始审判，并任命了七名信仰坚定的法官主持审判工作。他们于 5 月 31 日开始审理案件，并在十天后处决了第一名妇女。

法庭随后征求了清教徒神职人员的意见。科顿·马瑟（Cotton Mather）代表传教士写下了答复："我们只能谦卑地向政府建议，迅速有力地起诉那些应受谴责的人。"

科顿的父亲是当时最有影响力的清教徒牧师英克斯·马瑟（Increse Mather），他在政界很有影响力，在马萨诸塞州殖民地建立（1691 年）过程中发挥了重要作用。父子两人都撰写过打击巫术的书，而现在科顿用布道和小册子为萨勒姆的猎巫运动推波助澜。

至少有 172 人受到指控，多达 150 人被囚禁；5 名被拘留者死于狱中，30 人被判有罪，14 名妇女及 5 名男性被绞死。最后一名受害者死于 1692 年 9 月 19 日：吉尔斯·科里（Giles Corey）在审讯过程中被堆放在他身上的巨石压死。

1692 年 10 月 12 日，总督下令，结束所有审判和处决。总督信任的顾问马瑟父子也与那些"模糊不清"的证据划清了界限——梦境和幻象不能够再当作审判依据。这样一来，大多数指控不攻自破，猎巫运动戛然而止。

在新大陆，巫术指控也是各种社会矛盾的发泄渠道：

* 在马萨诸塞州，反对那些非清教徒是国家的重要任

务。1658 年至 1692 年，"持不同信仰者"遭受迫害，
甚至有贵格会教徒被处决。猎巫运动也带有明显的
宗教迫害特征。

* 定居者造成原住民流离失所，他们的不断攻击造成
  了压力。1691—1692 年，萨勒姆暴发了天花疫情，
  造成约 500 人死亡。

* 这一切导致了权力更替：1691 年，清教徒自治的
  马萨诸塞州正式成为英国殖民地，清教徒们失去了
  权力。

萨勒姆的猎巫最终闻名于世，要归功于阿瑟·米勒（Arthur
Miller）创作的戏剧《猎巫》，他借史事来讽刺 1953 年开始的
麦卡锡主义时代对共产党员的迫害。

科顿·马瑟（1663—1728）直至今日依然被认为是美国
殖民时期最重要的知识分子之一；他从未与猎巫运动撇清关
系，多年以后他仍为恢复猎巫奔走呼吁。

第九章
魔鬼的孩子

威斯特法伦的一个小村庄里，人们互相指责对方施展黑魔法。
对这一现象的研究至今仍具有重要意义

萨拉·马西亚克（Sarah Masiak）供稿

18 世纪初，帕德博恩（Paderborn）教区的弗斯滕贝格（Fürstenberg）社区再次陷入恐慌，居民玛加丽塔·斯特罗伊斯（Margaretha Stroeth）的行为极其怪异：她被负罪感所困扰，主动向当地地方法官承认自己是女巫。

　　在没有使用酷刑的情况下，她多次向当地的刑事法庭承认，她已经放弃了自己的生命，而且是"最坏"的女巫，心里一直想着魔鬼。是的，她甚至能听到它的声音，所以她坚信它就站在自己身后。魔鬼甚至怂恿她放火烧了自己的房子，然后吊死在一棵树上。再也找不到生活乐趣的玛加丽塔恳求法官"让她死得痛快……因为她再也不想生活在邪恶之中了"。

　　玛加丽塔坚持自己的供词，法庭工作人员也毫不怀疑她罪行的严重性。毕竟，她在没有任何压力的情况下公开承认了自己女巫的身份。最后，玛加丽塔的巫术罪成立并被斩首，她的尸体随后被放在火刑柱上焚毁。

玛加丽塔的案件是一个令人沮丧的自证其罪和渴望死亡的例子。这个女人身上到底发生了什么可怕的事情，让她相信自己受到了魔鬼的迫害？她是否不再完全拥有自己的心智，或者她是否甚至受到了妄想症的折磨，从而蒙蔽了自我认知？

如果这只是一个孤立的案例，人们可能会怀疑玛加丽塔患有精神疾病，用现代术语来说，可能是妄想症。然而，仔细研究一下弗斯滕贝格法庭记录就会发现，这种解释并不成立。记录中包含大量关于被告异常行为的证词。这些证词不仅证实了巫术的罪名，并且首先引发了对女巫的起诉。

1659 年 6 月，梅内克·布利尔隆恩（Meineke Brielohn）向猎巫专员们承认自己与魔鬼交谈。她的朋友曾津·布施曼（Zenzing Buschmann）也是村里有名的巫师，拿着一把椅子坐在街头，对刽子手喊道："我是巫师，把我的头砍掉吧。"

被指控为女巫的莉斯·博德克（Liese Böddeker）在宣判后，热情地与法庭工作人员握手，感谢他们公正的审判。大约 40 年后，被告安吉拉·瓦伦（Angela Vahlen）在经历了一次折磨后拒绝重新穿上连袜裤——当时她还没有认罪——因为她认为丝袜会妨碍她承认巫术罪。她还坚信魔鬼就在她身后，几次当着法庭官员的面吐口水说："……你这个魔鬼，离我远点……"

这些不寻常事件发生在弗斯滕贝格，即今天的巴特温嫩贝格（Bad Wünenberg）。1446 年，威斯特伐利亚贵族家族为这个荒芜的村庄带来了繁荣。一个世纪后，这个人口众多的社区成为帕德博恩南部辛特菲尔德（Sintfelds）地区的中心之一。

弗斯滕贝格之所以人口稠密，在 17 世纪达到近 1300 人，原因在于其有利的经济和法律条件。威斯特伐利亚贵族热衷于废除传统的农奴制，并给予居民许多自由。虽然领主们在弗斯滕贝格拥有世袭权，意味着他们可以在没有更高权力机构介入的情况下自主决定刑事案件的死刑，但是他们很少使用这项权力。于是，从 15 世纪直到 19 世纪，尽管地方当局有自己的绞刑架，但是记录在案的死刑只有四起。不过当地对女巫的迫害是一个例外——这里猎巫由来已久，可以名副其实地跻身于德国西北部猎杀女巫的据点之列。

猎巫运动始于 1601 年，持续了 100 多年，当地人称猎巫为"燃烧"。帝国的女巫审判已经废除了 50 余年，当地的猎巫才最终结束。最后一个巫师阿尔伯特·桑德斯（Albert Sanders）于 1703 年被处死。

但是，猎巫运动的兴起并不能归咎于当地贵族。在所有的案件中，有 45% 最后都被中止，没有人被判死刑。因此，耐人寻味的问题就出现了：当地贵族到底在什么情况下才会动用死刑？

　　要回答这些问题，就必须了解当地人对女巫的迷信。对于那时的人来说，女巫是邪恶的缩影，是反社会行为的化身。作为女巫，便是有意识地成为罪犯。因为如果一个人想成为巫术教派的追随者，他或她就必须决定将魔鬼的规范和规则内化，并将其呈现给外部世界。通俗地说，这不仅意味着背弃上帝及其诫命，还意味着背弃基督教社会的道德和伦理价值观。

　　根据这种定义，巫师的最高原则就是以各种形式伤害每一个人。巫术教派的目标是摧毁基督教。为了将这一意图付诸实践，魔鬼命令其成员组成一个集体，将自己伪装成基督徒，这样他们就可以秘密地、尽可能长时间地犯下撒旦罪行而不受惩罚。

　　如果用一个现代词语替换"女巫"，那最接近的就是"恐怖分子"。在当时的观念中，收成的毁坏、牲畜的突然生病和死亡，以及男人、妇女和儿童的突然死亡，都不可避免地是魔鬼教派造成的。巫师们攻击的是社会的最基本认同：经济生存以及生命和身体的完整权。在当时，"女巫"一词几乎到处都与难以忍受的不安全感和恐怖联系在一起。

　　然而，在弗斯滕贝格，"女巫"一词还有一个层面：村里人普遍相信，女巫的血液会遗传。任何曾经选择了魔鬼之路的人都会把邪恶的倾向遗传给他们的孩子——就像遗传病一样。这种近乎病态的想法早在《女巫之槌》一书中就已经提出，并产生了"魔鬼的孩子"（Teufelskinder）一词——当时对女巫家族后代的称呼，不仅限于儿童，也指成年人。

这个词被用来在善与恶、黑与白、正常与不正常之间划出一条意识形态的界限。就像《圣经》中该隐的印记一样，恶魔的后代也被打上了烙印。这种观念造成的后果之一是，恶魔的后代有时会成为猎巫的焦点，持续五代以上。

上述被告也是所谓的"魔鬼的孩子"，于是这群巫师的后代受到了无数歧视。其他家庭的父母有时会禁止自己的孩子与他们玩耍，因为他们被认为是坏榜样。同样，"正常"家庭也很谨慎，不与女巫家庭联姻——正如一位匿名编年史家在1818 年记载的那样，这种情况直到 18 世纪仍很普遍。

人们对女巫后裔送的小礼物持怀疑态度——这些礼物可能与魔鬼有关，或许是有毒的。巫师的后代被排斥的形式甚至可以极端到完全被断绝联系——被排斥在社区之外，同时也被排斥在村里的互助群体之外，无异于社死。这就是弗里德里希·瓦伦（Friedrich Vahlen）的遭遇，他是第三代魔鬼的孩子。起诉书称："没有虔诚的人愿意与被告交往，而是对他敬而远之，不愿与他一起喝酒。"

值得注意的是，魔鬼的孩子们并没有被完全边缘化。他们在村子里的政治和经济影响力实在太大了。所有的"巫师家族"都属于中产阶级或上层阶级。他们担任着许多市政和宫廷的职务，为教区居民提供工作、设备和借贷资金，还拥有丰富的法律知识。"巫师家族"还通过建立强大的社区和婚姻网络来加强凝聚力。在需要的时候，他们会互相帮助，给对方提供食物或劳动力。如果其中一人受到女巫审判的威胁，他们就会指定一名律师或对指控他们的人采取法律行动。而且，这些人的抵抗取得了一些成功——地方当局经常被迫撤销巫术指控。

但是，如果辩护策略如此奏效，为什么还是有些"魔鬼的孩子"的行为与其名声相符，并引发了猎巫呢？犯罪社会学的一个分支学科——新偏差社会学——为这种奇怪的行为提供了一种解释：贴标签法。这一概念不仅有可能为人类历史上最黑暗的篇章之一提供一种新的观点，还揭示了社会文化机制，从而使人们清楚地认识到，现代初期的猎巫活动绝不仅仅是所谓未开化时代的老话题。

标签理论家们用社会文化因素来解释异常行为的出现。这一概念的关键点在于认识到社会污名会对受影响者的精神生活产生影响。这些污名不可避免地与社会链条相关联，而社会链条又因犯罪分类的不同而不同。

社会边缘化使得被贴上"与众不同"标签的人越来越难在行为上与社会保持一致。因此，他们会陷入离经叛道行为的旋涡，难以自拔。

越来越多的受影响者不得不正视自己在他人眼中的形象，并扪心自问："他人对我的评价是真的吗？"在这一身份动摇的过程中，当外部形象和自我形象发生冲突时，个人会自觉或不自觉地决定接受外部强加的形象，并按照这种形象行事。于是，一个最初只是被怀疑为持不同意见的人，最后变成了一个离经叛道者。

这种社会心理过程极有可能发生在"魔鬼的孩子"身上。长期被主流社会边缘化，不断与所谓的"异类"对抗，这些日常经历很可能对他们的身份认同产生了影响。

此外，女巫的污名不仅是个人传记的一部分，也是家族编年史的一部分。所有这些都可能在受影响者的灵魂深处留下深深的烙印。这也解释了弗斯滕贝格女巫审判的受害者看似矛盾的行为。作为"女巫血统"的继承人，他们有时会接受社会赋予他们的形象，最终将自己视为女巫或巫师。

这一结果不仅令人震惊，更重要的是，它发人深省。因为这种解释框架显示了过去对女巫的迫害与今天某些行为的相似之处，前者通常被谴责为"疯狂"，似乎与现代人的生活相去甚远，但是偏见和排斥仍然是大多数社会行为的一部分。局外人、弱者和所谓的"别人"仍然是日常生活中司空见惯的事实。

在充满不确定性和危机的时代，以史为鉴显得尤为重要。在这方面，早期的猎巫行动是永恒的素材，丝毫没有失去现实意义。它向我们展示了一面遥远的镜子，让我们可以从中认识到被扭曲和缩小的自己。

作者小传

....

萨拉·马西亚克于 2019 年获得帕德博恩大学博士学位。她的论文受到了汉高基金会资助，并获得两大奖项。论文以现代早期的猎巫运动为研究对象，探讨了成见的社会和社会心理影响。

小知识

....

地方法院发挥了怎样的作用？

大多数巫术定罪都发生在地方法院管辖的小行政区域。地方法院作出的判决往往比上级法院严厉得多。地方法院的成员往往陷入当地对巫术的恐慌之中。此外，担任法官的人往往缺乏法律培训和经验。因此，判决往往无视适用的法律程序。许多地方既没有法院大楼，也没有固定的工作人员记录诉讼程序。在许多地方，缺乏全面的司法监督造成了灾难性的后果，许多被告成为不受监管的司法的受害者。

第十章

处决了 394 人的刽子手

酷刑执行者和刽子手们是如何生活、思考和感受的？纽伦堡的弗朗茨·施密特（Frantz Schmidt）的日记揭示了这个社会边缘群体的生活。

吉多·克莱因胡伯特（Guido Kleinhubbert）供稿

1617 年 11 月 13 日下午，那天是周一，弗朗茨·施密特清理着他最后一个死刑犯烧焦的骸骨。工作对他而言并不顺利——本来在火焰燃烧之前，犯人应该被铁丝绞索勒死。这名犯人是一个巫师，名叫格奥尔格·卡尔·兰布雷希特（Georg Karl Lambrecht），犯有巫术罪和造假币罪。可惜本来仁慈的举动却没有成功，死刑台上的罪犯尖叫着，没有死去。

看热闹的百姓们对这样的折磨乐此不疲，但对于弗朗茨这位纽伦堡的刽子手而言，这次失败的阴影久久挥之不去。我们从他 1578 年到 1617 年的日记中可以获得宝贵的第一手资料。在这个寒冷的冬日，他结束了自己近 45 年的漫长职业生涯。

这位 63 岁的老人淹死过杀害儿童的女凶手，割掉过欺骗者的舌头，砍掉过强盗的头颅，还对重罪犯施以法律制度所能提供的最严厉的酷刑，即轮刑。据他自己统计，有 394 人死于他之手，他还审讯、折磨了数千人。一切几乎都很顺利，但就在今天，在他最后一次执行死刑时，出了点差错。弗朗茨不想要这样，因为他一直顾及自己的荣誉。

大多数刽子手被后人遗忘，或被后人塑造成肆无忌惮的屠夫，声称他们以鞭打、焚烧和致盲他人为乐。至于这些官方任命的酷刑执行者和杀人犯的内心世界，纯属臆测，没有人知道他们是如何思考、感觉或承受痛苦的。不过，弗朗茨·施密特的情况有所不同，因为他的日记被保存了下来。美国历史学家乔尔·F. 哈灵顿（Joel F. Harrington）根据他的日记写了一本杰出的非虚构类书籍，对施密特的一生进行了追溯，令人印象深刻。

弗朗茨从父亲海因里希（Heinrich）那里学到了酷刑和杀人的手艺，海因里希的职业是捕鸟人，但在 1553 年成为一项古老规定——如果当局急需刽子手，他们可以任命任何碰巧在场的人——的受害者。反抗毫无意义。海因里希知道，这将给他的家族带来耻辱，甚至可能永远也无法抹去。

刽子手的工作对中世纪和现代早期的社会非常重要。在当时，人们几乎无法防范强盗、杀人犯和强奸犯。行刑场所是暴力和其他危险一览无余的地方，尤其是那些据称与魔鬼勾结的巫师们也会在那里受到惩罚。然而，在整个帝国，刽子手及其家人一般都被排斥在社会之外——他们不被问候，不被邀请，被禁止与其他人一起坐在客栈或教堂里，通常被安排住在最黑暗的街道：那里有屠宰场和妓院，或者麻风病人的疗养院。

剑子手及其家人被迫独来独往，因此弗朗茨也继承了父亲的职业。"纽伦堡地方史协会"的历史学者马格达莱娜·普雷希尔（Magdalena Prechsl）说："他不可能学习其他行业——没有人会让他接受培训。"这个犯罪史专家长期研究剑子手制度，认为剑子手"命运艰难"，尤其是其家庭成员，包括年幼的孩子，不得不背负着歧视而生活。

施密特一家住在班贝格一处隐秘的院子里，正是在那里，弗朗茨开始练习砍头：首先是用和人类脖子差不多结实度的大黄根茎，然后用野狗。一击断头需要大量的练习，而弗朗茨在这方面表现出了自己的天赋，他还学会了如何使用酷刑折磨人，且不造成生命危害或重伤。

1573 年 6 月 5 日，年轻的弗朗茨陪同父亲参加了邻村施泰纳赫（Steinach）的一次行刑，在那里他顺利通过了技术考试。弗朗茨把小偷连哈特·卢斯（Lienhardt Russ）领到绞刑架前，带他爬上梯子，套上绞索，给了他致命一击。他在日记中没有透露作为年轻人第一次杀人的详细情况，但可以肯定的是，他"非常娴熟，没有犯任何错误"。

有了技工证书后，施密特最初到处出卖劳力，在力所能及的地方帮忙。他要做的事情很多，尤其是在猎巫阴影笼罩下的班贝格地区。在成为巡回刽子手的第一年，这位初级刽子手不得不三次用轮刑，被处决者之一是被指控为多重谋杀犯的克劳斯·伦克哈特（Klaus Renckhart）。

从弗朗茨日记的字里行间，人们可以读出弗朗茨对克劳斯及其残忍行为的极其厌恶。历史学家哈灵顿写道："记录犯人罪行是刽子手确认自己行为正当的一种手段，弗朗茨在整个职业生涯中都有这个习惯。"

年轻的施密特非常敬业，他并没有像很多同行那样：酗酒，与娼妓、小贩、杂耍艺人及其他社会边缘人厮混。可能从一开始，弗朗茨是为了摆脱父亲被随意任命后他和家人背负的污名。他的努力很快得到了回报，1578 年 4 月 25 日，年仅 23 岁的弗朗茨被任命为纽伦堡的刽子手，纽伦堡是继奥格斯堡、科隆和维也纳之后帝国最大的大都市，人口约四万。

施密特还拿到一笔可观的薪水。在与一位比他大九岁的女士结婚后，这对夫妇搬进了一栋宽敞的房子，这栋房子不在市中心，但也不在其他同事居住的黑暗街区。这所房子如今仍被称为"刽子手之家"，可以参观。

今日，这座博物馆的一面墙上还挂着施密特用来砍头的剑，重约三公斤，长一米。在这位行刑大师的职业生涯中，弗朗茨使用这把剑可谓炉火纯青：在 187 次执行死刑的过程中，他只有四次砍了不止一剑。弗朗茨没有什么理由抱怨——多年来，他积累了相当的财富。这主要归功于社会与刽子手这种职业的从业者打交道时的双重性。

一方面，他们被避之唯恐不及；另一方面，他们作为治疗师又受到重视。因为像弗朗茨这样的刽子手，非常熟悉人体的结构，知道如何治疗烧伤、割伤和其他伤——他们需要为受刑者处理伤口，让他们认罪后自己走到行刑台。

所有这些都可以用来牟利，此外在 17 世纪之前，刽子手一直垄断着被处决者的身体器官。他们将皮肤、内脏和骨头卖给药剂师，后者用它们来制作药膏和其他药物。

但从事治疗师的工作也很危险。在中世纪和现代早期，任何能治病的人都会被怀疑与魔鬼势力勾结，对于处于社会边缘的男女来说尤其如此。

一些刽子手最终被关进监狱或被流放，但施密特却成功地建立起了一个庞大的病人客户群体，没有出现任何问题。这可能不仅是因为他的正直，也与纽伦堡的氛围有关。虽然周围有成千上万的人因所谓的魔法而被折磨和杀害，但纽伦堡市民和他们的司法系统并没有受到肆虐的猎巫狂热的感染。

这座城市的执法相对有效，其特点并不是残暴，而是理性，有时还很宽松。弗朗茨为此做出了贡献，他致力于废除溺死这种处决方式。他的日记毫无疑问地表明，他同情大多数受害者，尤其是儿童。此外，日记也并没有迹象显示，他对待犯罪分子过分残酷。

在对兰布雷希特的死刑失败后（这是他最后一次执行死刑），弗朗茨大师又执行了两次鞭刑，然后在 1618 年 7 月 13 日正式宣布寻找接班人。

施密特当之无愧地退休了，但他一生的事业尚未完成。他给皇帝斐迪南二世（Ferdinand Ⅱ）写了一封长信，而这封信被保存了下来。在信中，他报告了他父亲被任意任命，他的上司对他的工作满意，以及他是如何凭借自己的医学知识为数百人解除病痛的。最后，他请求皇帝正式恢复家族荣誉。

他的请求得到了批准，皇帝下令，让他和他父亲生活如此艰难的命运不再落在他后代的身上。这意味着弗朗茨的后代可以离开刽子手这个行业，自由选择职业。

弗朗茨在纽伦堡做刽子手，亲手杀死的人可能比任何人都要多，也许他是整个帝国中执行死刑最多的刽子手。1634 年 6 月 13 日星期五，弗朗茨因瘟疫去世，享年八十。在所有的记录中，他都被尊称为"尊敬的弗朗茨·施密特医生"——纽伦堡的刽子手从怪物变成了常人。

第十一章
反对黑魔法

　　早期的现代科学家也坚信女巫的存在。他们的著作为迫害提供了理论依据。

丹尼・克林吉尔（Danny Kringiel）供稿

她们可恶的能力不胜枚举：据称她们不仅能用黑魔法夺走男人的阳刚之气，甚至还能"真真切切地把男人的肢体巫术化"。如果有人在她们偷窃生殖器时发现了她们，她们就会伪装自己，"欺骗男人的想象力"，以动物的形态出现在他们面前。有时，她们甚至会扮成接生婆，阻止"子宫受孕"。如果没有成功，她们就会"把新生儿献给恶魔"，或者干脆"吃掉婴儿"。

　　从这一段话我们不难看出，其作者海因里希·克拉默认为"女巫"是巨大的危险。这些女人与魔鬼结盟，甚至肉体上"与恶魔做不洁之事"，她们的罪恶仅次于恶魔本人。因此对女巫们的惩罚应该"如地狱一般"，毕竟"上帝的意志在很多方面都表明，女巫不仅要被驱逐，还应该被杀死"。

克拉默是《女巫之槌》的作者，1486 年出版这本书的时候，他使用了拉丁文笔名 Henricus Institoris；顾名思义，他想用槌子来惩罚女巫。在书中，这位道明会修士兼宗教裁判所裁判员总结了阿奎那（Aquinas）和教父奥古斯丁等神学家关于恶魔及女巫行为影响力的论述，号召所有人对恶魔进行残酷的迫害。

以今天的角度看，这本书中许多内容相当怪异，对女性的鄙视比比皆是。比如，克拉默断言，女性容易受到恶魔的引诱，因为她们的体液和血液混合在一起，"更容易受到影响"，而且"因为体力较弱，很容易透过巫术来复仇"；"与女人的邪恶相比，任何罪行都小巫见大巫"。归根到底，女人是"不完美的动物""总是在撒谎"。

今天来看，《女巫之槌》的论证方法实在经不起推敲，克拉默用观察的结果证实自己的假设——不过这种方法在当时很普遍。按照他的论断，巫术是当时最危险的，而怀疑巫术的存在本身也是罪恶。

《女巫之槌》并非首部巫术文学。"魔物"（daímon）一词在古希腊就很常见，一方面它可以指来自神界的保护神，另一方面这种神灵也可以做恶事。《旧约》中也出现了魔羊或者人鸟混血的女夜魔"莉莉丝"。

对欧洲的猎巫运动而言，这些有关恶魔的著作使迫害合法化。不同的是，《女巫之槌》的传播要感谢现代印刷术，将恶魔学说与大众迷信联系起来。克拉默为迫害女巫提供了理论依据，还带动了巫术文学的繁荣。

追随《女巫之槌》的有约翰内斯·特里特米乌斯（Johannes Trithemius），他受克拉默著作的启发，撰写了《反对巫术》（*Antipalus Maleficiorum*）等恶魔学著作。此书由勃兰登堡选帝侯约阿希姆一世（Joachim Ⅰ）资助，在很多地方剽窃了《女巫之槌》的内容。比如，特里特米乌斯解释了如何识别女巫：礼拜日，让年轻人穿上涂满猪油的靴子站在教堂门口，女巫便绝对无法离开教堂。

类似这样的作品在 16 和 17 世纪的欧洲大行其道。比如，1571 年瑞士宗教改革家海因里希·布林格（Heinrich Bullinger）在《反对黑魔法》（*Wider die Schwarzen Künste*）一书中，要求将所有犯有巫术罪的黑魔法师处死。法国国家理论家让·博丹（Jean Bodin）于 1581 年出版了《论巫师的魔性》（*De magorum daemonomania*），这本书成为巫术审判法官的手册，其中还证实了农民会因为巫术失去牲畜。博丹论证，"如果巫师在牲口圈里放一点特殊的粉末，那些牲口就会立刻死去"。

不过在泛滥的巫术文学中，我们也能找到一点怀疑的声音。例如，1584 年英国政治家雷金纳德·斯考特（Reginald Scot）在《巫术的发现》（*The Discoverie of Witchcraft*）一书中分析了一些被大众认为是魔法的现象，并且提出了合理的科学解释。当然并非所有人都对这种理性的观点感到满意：詹姆士一世（James Ⅰ）1603 年登基后，下令将斯考特的所有作品焚毁。

18 世纪开始后，科学越来越繁荣，超自然的空间越来越小，巫术文学的泛滥终于平息了。斯考特对巫术的批判性思考在后世赢得了赞誉，不过他书中的记载还启发了新的行业——《巫术的发现》一书中对魔术的解释，至今依然是舞台魔术师的重要参考。

第十二章
"哦，上帝，这真是弥天大谎！"

1627 年 5 月 19 日，卡塔琳娜·埃诺特（Katharina Henot）因行巫术而被处死。时至今日，有关这位女富商的传说依然不绝于耳。

卡特亚·伊肯（Katja Iken）供稿

卡塔琳娜·埃诺特已经走投无路。她被关在科隆的法兰克塔（Frankenturm）已经四个月了，为了口供，这位贵族寡妇已经遭受了数次酷刑。1627年3月16日，她偷偷从狱中写信给哥哥哈特格尔（Hartger），请求他帮忙找位医生，还提及了自己被指控的罪行：她用魔法导致五个人死亡，其中包括牧师、一名儿童，还有一个胚胎。圣塞弗林教堂的花园还被她用魔法驱使毛毛虫破坏。据说这位女商人还传播魔法和巫术，与数人私通。

　　"哦，上帝，这真是弥天大谎！"埃诺特愤怒地写道。信中她还说自己曾三次给折磨她的人下跪，一再表明自己的清白："你的妹妹不是女巫"——卡塔琳娜于1627年5月10日的信中写道，她恳求哈特格尔："我虔诚的哥哥，帮帮我吧！"据说她不得不用左手书写这些信件，因为右手已经被酷刑折磨得无法动弹。

她的哥哥哈特格尔是法学博士、科隆教堂执事、圣安德鲁修道院主管、圣塞弗林教区事务长、帝国议员和科隆大主教的顾问。但所有这些头衔都没有起到任何作用。1627 年 5 月 19 日，卡塔琳娜在梅拉滕（Melaten）刑场被处决——现场群情激愤，这位女富商先是被勒死，随后尸体被放在火堆上焚烧。

这位有影响力、虔诚的贵族和慈善家，科隆前邮政局局长的女儿，高级神职人员的妹妹为什么非死不可？她是阴谋的受害者？还是被情人抛弃并坚持要置她于死地？即使在卡塔琳娜被处死近 400 年后，此案仍是一个谜，围绕着这位科隆女巫的传说不胜枚举。19 世纪的一个传说称赞她是一位"年轻貌美的女士"，1936 年的《科隆画报》（Kölnischen Illustrierten）则描述她"为人开朗好客"，并把她的形象塑造成了扎着辫子的金发小姑娘。

当然，至少有一点可以肯定：卡塔琳娜并不是位"年轻的女士"，更不可能是小姑娘。她去世时，已经是位寡妇，还有一个成年的女儿，同时代的史家记载她和她的哥哥哈特格尔"年事已高"。

波恩莱茵弗里德里希·威廉大学的历史学家托马斯·贝克尔（Thomas P. Becker）认为，由于史料缺失，"我们根本无从知道许多细节"。"我们不知道是何人指控了她，也无法确定哪

些人出庭作证"——科隆妇女历史协会的艾琳·弗兰肯（Irene
Franken）和伊娜·霍尔纳（Ina Hoerner）在文章《女巫——
科隆大迫害》中写道。幸好卡塔琳娜偷偷写给哥哥的书信得以
保留，我们如今才能了解这些详细的指控，她的身世也有据
可查。

卡塔琳娜出生于 1570 年至 1580 年间，她的父母也是望
族出身，父亲名叫雅各布·埃诺特（Jakob Henot），母亲名叫
阿德勒海蒂斯·德·海恩（Adelheidis de Haen）。16 世纪 70
年代，因为荷兰居民奋起反抗西班牙人的统治，这对夫妇从荷
兰逃到德国。

夫妇俩曾是加尔文宗的信徒，1569 年，他们在科隆还要
受到科隆教区的监视，直到 1576 年改宗后才成为公民。夫妇
俩总共有 20 多个孩子，这些孩子中，有三个人献身教会：长
子哈特格尔成为高级神职人员，艾佛哈特（Everhard）获得
神学博士学位并担任圣库尼贝尔修道院的院长，弗朗西斯卡
（Franziska）则进入修道院成为修女。

雅各布起初靠经营旅店，为旅行商人服务为生；1579 年
开始，他成为塔克西斯（Taxis）家族所在地的帝国邮政局局
长。因为他野心勃勃，想要将塔克西斯家族挤出邮政行业，所
以两个家族之间发生了数十年的争执。雅各布先是被免职，后
来又恢复了职务。1625 年，年迈的雅各布去世，邮政的经营

许可也就到期了。为了能继续经营业务，埃诺特家族和塔克西斯家族打官司，而且还隐瞒了雅各布的死讯。

卡塔琳娜和哈特格尔撒谎并以死者的名义签署了文件。死者并没有被埋葬，按照埃诺特家厨子的说法，经过防腐处理的尸体被运到了布吕尔附近的施瓦多夫（Schwadorf）。历史学者贝克尔认为，"这是一桩巨大的丑闻，极大地损害了家族声誉"。

在这样的背景下，谣言四起，对卡塔琳娜的指控开始出现。1626 年夏天，有位科隆妇女指控她使用巫术。这位妇女是位裁缝，名叫玛格丽特·劳斯拉特（Margarethe Raußrath），是圣克拉拉修道院的一位在俗修女，而卡塔琳娜的姐妹和女儿也在这所修道院。很快修道院中又出现了很多被魔鬼迷惑的女性，她们声称自己被施了魔法，与魔鬼签订了契约。卡塔琳娜书面提出抗议，并求助于科隆大主教费迪南德·冯·维特尔斯巴赫（Ferdinand von Wittelsbach），大主教是埃诺特家族的朋友。

不过，这位费迪南德还是一位严格的耶稣会士和狂热的猎巫人。费迪南德指责科隆市政府在处理女巫问题时"不认真"，因此才会有外来的女巫在这里找到庇护所，并辱骂他们是"女巫的庇护"（Patroni Venificarum）。1607 年，费迪南德颁布了最严格的巫术法令，以根除"可怕而可憎的巫术之恶"——在他任职期间，科隆及其周边地区的火葬场比其他任何时候都繁忙。

这位大主教不仅没有出手干预，还拒绝提供帮助。1627年1月9日，卡塔琳娜正式被指控犯有巫术罪，并被强行从家中带走，关进了法兰克塔。历史学者贝克尔认为，对她最严重的指控来自索菲亚·艾格尼丝·冯·朗根伯格（Sophia Agnes von Langenberg）的供词，而索菲亚也因为施展巫术被关押在莱切尼希（Lechenich），即今天的埃夫特施塔特（Erftstadt）。

这位女士也是圣克拉拉修道院的修女，本来因为有神奇的力量，治愈了不少信徒而被尊为准圣人。在酷刑折磨之下，索菲亚供出卡塔琳娜乃是同道女巫，甚至在临刑前还坚持这种指控。贝克尔说："一般而言，一个面临死亡的人不太会告发无辜者。"

卡塔琳娜因此受到审讯和酷刑，1627年1月22日，她的妹妹弗朗西斯卡也被指控犯有巫术罪而入狱。家人和朋友的请愿以及律师洛伦兹·梅伊（Lorenz Mey）的抗议都没有任何作用。哈特格尔用尽各种法律手段，包括向斯佩伊尔的帝国法庭提起诉讼，谋求卡塔琳娜获释。

1627年5月10日，卡塔琳娜在给自己哥哥的信中写道，"保管好我的所有书籍和作品"，并再次请求他帮忙向科隆大主教申诉，"不要用无辜寡妇的鲜血沾染自己的双手"。

一切都是徒劳，1627 年 5 月 19 日，圣灵降临节前的一个星期三，她被马车押送到了城门外的梅拉滕墓地，押解她的是两位耶稣会士。在路上，这位女士还在向赶来的公证人表明自己的清白，并宣称 3 月 16 日写给自己哥哥的信中句句属实。这意味着，卡塔琳娜在没有认罪的情况下被判处死刑，而按照当时的情况，这是一起可耻的司法谋杀——那个时代已经多次出现了这种判决。

历史学者贝克尔则有着不同的看法。他认为这封信的内容是真实的，而卡塔琳娜受到的酷刑折磨超过了当时法律允许的范围，最后被屈打成招。尽管民间广泛流传，卡塔琳娜被处死最主要是出于经济原因，但是贝克尔认为这种说法并不可靠：1626 年 10 月，卡塔琳娜被处决前七个月，皇帝已经就邮政业务的纠纷做出了判决，塔克西斯家族获胜。"这场冲突早就已经解决了"，贝克尔认为，除了严重的指控和公众舆论之外，导致卡塔琳娜被判处死刑的还有其他一些因素。比如，作为富裕的女商人难免遭受嫉妒，而她的父母曾是加尔文宗教徒也加深了社会的不信任。此外，不诚实的商业欺诈行为以及隐瞒雅各布之死的丑闻也是雪上加霜。

贝克尔还认为，科隆圣克拉拉修道院的修女们值得更多研究，除了一些被施了魔法的告发者外，卡塔琳娜的妹妹和女儿也住在该修道院，还有被当作女巫处死的索菲亚。贝克尔猜测，"那时的修道院风纪出现了问题，有很多贵族拜访"。很有可能"某位修女为了隐瞒自己怀孕的事实，而杜撰出了被施魔法的事情"，从而转移人们的视线。

大家通常认为卡塔琳娜一案是科隆猎巫浪潮的开端，贝克尔认为这种说法有待商榷——那时的科隆尽管较为宽松，但是对女巫的迫害早在一些修道院中出现了。

1626 年至 1630 年间，科隆至少有 33 人被指控行巫，其中至少有 24 人被处死。这次猎巫浪潮的转折点是水果商克里斯蒂娜·普鲁姆（Christina Plum）的供词：这位 24 岁女被告人的供词牵连许多科隆上层阶级的成员，包括律师和神职人员，对于法庭而言实在不可信，最终终结了这场荒谬的闹剧。

1630 年 1 月 16 日，克里斯蒂娜·普鲁姆被处决，与她审判有关的所有材料都被象征性地放入铁盒中封存。据说，在被送往刑场的路上，这位女士的脖子上还挂着一些案件卷宗，而这些卷宗和尸体一起被烧掉了。这次判决之后，科隆的猎巫运动逐渐平息。1655 年，12 岁的恩特根·莱纳茨（Entgen Lenarts）可能是科隆最后一个因巫术被处死的人。

科隆的"女巫们"于 2012 年沉冤得雪——科隆市议会全票通过恢复共 37 位因巫师罪被处决之人的名誉。科隆地方乐队在 2004 年也为卡塔琳娜创作了一首歌曲："万福的卡塔琳娜永远留在记忆中 / 万福卡塔琳娜女王 / 你活在我们心中"。

1989 年后，老市政厅塔楼上一直竖立着卡塔琳娜这位昔日邮政局局长女儿的雕像：她高举右手以警示后人，左手则指向脚下燃烧的火焰。

卡塔琳娜也活在 1964 年出生的玛蒂娜·希尔茨（Martina Hirtz）的心中——根据她自己的说法，她是卡塔琳娜的第 16 代后裔。希尔茨在采访中说："我们甚至无法想象卡塔琳娜经历了多么可怕的恐惧，她一定受了很多苦。我非常希望卡塔琳娜在天堂能听到这迟来的赞颂。"

第十三章

暴躁的狼人

今日，德语中女巫这个词通常指女性。但在当时并非如此，约 1/4 的被处决者是男性。

克里斯托夫·冈克尔（Christoph Gunkel）供稿

写给女儿维罗妮卡（Veronika）的信是约翰内斯·朱尼厄斯的遗物，他知道自己的话有多危险。因为在这个充斥着谎言和诬陷的时代，这些坚持真理的话语，甚至让他这个班贝格市长被关进了德鲁登监狱（Drudenhaus）。班贝格的这个特别监狱建于1627年，是对被指控的女巫施以酷刑的地方。

一年后，1628年7月24日，约翰内斯冒险将他的信从监狱中偷运出来。他警告自己的女儿："亲爱的孩子，把这封信藏好，不要让任何人知道，否则我会被酷刑折磨至死，我的守卫也会被砍头。"

约翰内斯在信中讲述了他的故事，当然不是有关他当市长的事。四页纸上密密麻麻写满了字迹很小的文字，而且拇指已经因为酷刑而难以用力，写字时"血渗到了指甲里"。酷刑让他整整四个星期无法使用自己的双手，而施刑者每天还要绑着他双手拉起来八次，再让他重重地摔倒在地。约翰内斯写道："我觉得天崩地裂"，这些可怕的折磨方式"无法用语言形容"。

他的叙述成为今日难得的历史资料，也是为数不多的受害者证词——因为大多数被迫害者的记录，只存在于以迫害者角度写成的审判记录中。

约翰内斯的经历还揭示了一个全新的研究领域：猎巫运动对男性巫师的迫害。

女巫一词与女巫师联系在一起。但是这并非历史上的真实情况：受迫害的巫师中，每四人中有一人为男性。1999 年，历史学者罗尔夫·舒尔特（Rolf Schulte）在他的博士论文中论述了这一点。按照他的统计，神圣罗马帝国境内总共有 19050 名猎巫运动的受害者，其中男性为 4575 人，占比 24%。

与女性一样，男性也被认为会使用无害的白魔法。然而，任何被视为治疗师和魔术师的人都不可避免地被怀疑会作恶。例如，1601 年，鲁道夫二世（Rudolf Ⅱ）皇帝的布拉格宫廷官员这样谈论宫廷总管："他使用巫术，并且还'迷惑'了皇帝。"

这些谣言并不总会造成严重后果。例如，歌德所著史诗《浮士德》的历史原型——来自普法尔茨州克尼特林根（Knittlingen）的神医、魔术师和炼金术士约翰·格奥尔格·浮士德博士（Johann Georg Faust）就从未被起诉。哪怕是歌德小说中的浮士德博士，尽管他与魔鬼达成了契约，也没有被送进监狱。

　　然而，随着时间的推移，魔法在许多地区越来越多地被视为巫术，迫害也愈演愈烈。舒尔特的论文指出，迫害在地区和时间上存在很大差异：1450 年至 1757 年间，西里西亚受迫害的女性比例为 89%，而在克恩滕地区，1630 年至 1730 年间，被迫害的男性始终多于女性。有一段时间男性的比例甚至高达 90%，与 1600 年左右女性受迫害的比例相同。

　　尽管历史上的数据非常不完整且存在许多自相矛盾之处，美国历史学家埃里克·米德尔福特（Erik Midelfort）还是总结出了一个大概的模式：根据他的说法，女巫受迫害在很长一段时间占主导地位，直到 16 世纪 20 年代开始，男性才更频繁地成为猎巫运动的受害者。童话中的那种刻板女巫形象发生了变化，在某些地区甚至出现了大反转。舒尔特论述道，在克恩滕，17 世纪中叶猎巫运动的"新目标"是变出坏天气的男乞丐，比如，他们焚烧死人头骨，引发了高温。

　　历史学家米德尔福特认为，造成这种变化的最重要原因是 17 世纪的大迫害浪潮，它可以在短时间内影响数百人。仅在维尔茨堡，据说就有 1200 人被烧死。1627 年至 1629 年的一份详细的"女巫登记簿"列出了 29 名被烧死的受害者。被处死的人中有很多男性，包括那些身居高位的人：法警、牧师、富有的城镇居民，还有"非常博学"的医院院长或"优秀"的贵族。

米德尔福特从这些例子中总结出的规律是：猎巫运动持续时间越长，席卷社会的范围就越大，直到触及上等的社会阶层，尽管他们已经不太符合传统意义上的女巫形象——班贝格市长便是一例。因此，猎巫运动一般都是以这些"典型女巫"开场，让迫害在民众中更为可信。

在一些地区，还出现了与女巫对应的目标——狼人。狼人与女巫的不同之处在于，狼人以一种相当古老和男性化的方式将受害者撕成碎片。同时，狼人审判与传统的女巫审判也有重叠之处：变身狼人也被解释为与魔鬼订立契约的证据，尽管神学上排除了人变身动物的可能性。

1598 年，据说在法国汝拉山脉的圣克劳德小镇周边地区的女巫大会上，人们看到了整群的狼人。很快，人们开始在这个偏远地区迫害狼人，尽管那里实际上是真正的狼的栖息地。第一个招供的是乞丐兼医士雅克·博凯特（Jacques Bocquet）：他从魔鬼那里得到了一种油膏，一涂上就变成了狼人。博凯特还承认用魔法粉末杀死了牲畜和家禽，用打水的方法制造冰雹来破坏水果的收成。

一连串的诉讼接踵而至。一个手脚可能被灌木丛划伤的人被怀疑是一只刚刚恢复原状的狼人，他的同胞认为他"堕落"到"不再像一个人"。一个 12 岁的儿子告发了自己的父亲，直到这个父亲痛哭流涕，对在场的法官喃喃自语："我的儿子，你毁了我们俩。"据说，一些被告在审讯期间四肢着地，最后，18 名被告中有 17 人死于火刑、监狱或私刑。

不过，以今天的研究来看，圣克劳德的情况仍然令人困惑：随着时间的推移，越来越多的雌性狼人也开始出现。显然，最初的雄性狼人由于接近巫术而变成了雌性。在中世纪晚期和现代早期，谁应该被认为是巫师，几个世纪以来都没有明确的定义。这一点仅从语言上就能反映出来。法语中，巫师（sorcier）以及女巫（sorcière）一直有着男女之分，而德语的编年史作者们则为此大为头疼。按照今天德语的习惯，似乎应该写为 "Hexe:r"。当时的作者们，使用的词语有：Hexenmann，Hexenmeister，Drudner 或 Hexer。在许多地方，尤其是奥地利，还会使用魔法师 "Zauberer" 一词。有时，一些地区还使用 Hexin 来指代女巫师。[①]

从 Hexenmeister（Meister 是师傅的意思）一词来看，即使是在幻想的巫术世界里，男女也不平等。当然，在记录中，女巫大会上的参加者，与魔鬼密谋的自然是女性为主。不过在

---

① 德语中的大多数职业都是由男性的名词构成。比如工人为 Arbeiter，而女性工人则为 Arbeiterin。现代的德语为了表示对女性的尊重，往往会使用中性词、复数或者特别词来代替，比如工人们使用 Arbeiter:innen。而 Hexe 这个词本身就是阴性，大多数情况下指女巫师，所以在特指男巫师时，才有了上述的各种词语。——译者注

大会上，男巫师说了算。他们像官员一样发布命令，惩罚那些心慈手软或疏于作恶的女巫。与现实社会一样，女巫们的社会也是以严格的父权制和等级制的方式组织起来的。

就连同时代的人也对巫师中不同性别的比例进行过讨论。牧师雅各布·瓦利克（Jacob Vallick）在1576年给出了为何女巫更多的三个原因：一来女性比男性更容易被魔鬼欺骗；其次，她们更好奇——毕竟夏娃曾在天堂品尝过禁果；最后，女人有报复心："由于她们缺乏力量，撒旦很快就会出现……这就是为什么女人比男人学会更多巫术的原因"。这三点是比较常见的解释，有时甚至会有更激烈的表述。比如，1590年，特里尔大学校长认为女性"智力低下""性别愚蠢"。宗教改革家路德也认为"她们应该被杀死"，因为妇女更容易成为撒旦的牺牲品。

正是女性的欲望让女性更容易与魔鬼订立契约，而且这需要通过性爱来完成。当然，男巫们也有"魔鬼求爱"，这时撒旦以女人的形式来引诱他们。但是，在许多迫害男巫的案件中，与魔鬼的契约并不是最重要的罪名。

1487年出版的《女巫之槌》以及一些有影响力的书籍，巩固了女巫的形象。这本出版了29版的迫害指南指出："女人天生是坏的"，因为女人"更容易否认信仰"，是"巫术的基础"。此外，男性并没有继承巫术的能力。尽管《女巫之槌》

的作者也谈论到了男巫师，但他将他们置于传统的男性领域，比如，"弓箭手巫师"能够帮助其他战士更好使用自己的武器。

因此，巫术世界的逻辑继续反映了农业社会的角色分工。对石勒苏益格—荷尔斯泰因州（Schleswig-Holstein）510 起指控有害巫术的法庭案件的分析表明了这一点：根据数据，几乎只有妇女被指控通过巫术破坏牛奶、黄油和牲畜，或使人生病。而男性则经常被指控通过巫术获取他人财产或杀死马匹。这与农场的性别分工大致相符：妇女照顾病人、挤牛奶和做饭，男人负责保护财产和牲畜。

1647 年，威斯特伐利亚州威滕镇（Witten）的农民阿恩特·博特曼（Arndt Bottermann）也被卷入了这样的案件。他被指控将一匹黑褐色的马套在马车上，并对着它的嘴施了魔法，不久之后，这匹马就病死了。马的主人乃是威滕镇望族的女主人，起诉的理由是死马旁边有"各种害虫"。据说，博特曼还"迷倒"了另一匹马，这匹马属于当地集市的一名妇女。

庭审记录显示出，这位农民是如何被一连串的暗示性问题置于绝境的。比如，在被问到他是否与"魔鬼结盟"并成为一名"巫师"时，法庭直接询问他"行巫"已经有多长时间了。

博特曼一直宣称自己无罪，但是他"不确定自己会不会使用魔法"。

此时，他似乎对自己也产生了怀疑。为了证明自己的清白，他要求进行水试，但依然没有开脱罪责：当刽子手捆绑着他的双手将他三次扔进水里时，他并没有沉下去，这被解释为魔鬼的帮助。最后，这位农民只好承认自己是男巫。

在巫术迷信的帮助下，许多的审判都是这样进行的。在吕丁豪森（Lüdinghausen），1623 年，有 26 头猪突然死亡。农场主伯恩哈德·施瓦特（Bernhard Schwarte）受到怀疑。此外，据说他还导致另一名农场主生病——后者的病情在施瓦特来访后恶化。

在严刑拷打下，施瓦特承认了自己的恶行：他骑着一条黑狗参加了女巫大会，用稀释过的啤酒毒死了一位老人，还杀了牛、马和猪。

许多被告缺乏法律援助，他们是流浪汉或外来者。例如，牧羊人和铁匠被认为是治疗病马的好手，他们也可能受到怀疑。

村镇谣言的受害者并非完全没有自卫能力。有时，他们能在平静时期成功起诉诽谤者。然而，在更大的迫害浪潮中，指控很快就会变得非常激烈，被告通常没有机会。

如班贝格教区，从 1626 年起，由于农作物歉收、通货膨胀和三十年战争的动乱，那里爆发了最猛烈的猎巫浪潮。根据 1630 年的一份报告，该教区有 600 人被"审判并烧成灰烬"。据说，班贝格和维尔茨堡教区的巫术"变得如此猖獗"，甚至"小孩子都能变出雷电"，几所学校"完全停课"，巫师囚犯中甚至有许多"杰出的绅士和议员"。

约翰内斯·朱尼厄斯市长就是其中之一。六名女巫和巫师在刑讯逼供下供认了市长的罪行。其中包括该城的另一位重要人物：教区长格奥尔格·哈恩（Georg Haan）。朱尼厄斯的妻子已经被当作女巫烧死了。也许，这位在城里担任了20年各种职务的市长早就树立了强大的敌人。与声名狼藉的教区长哈恩一样，他也被认为是女巫审判的批评者。

朱尼厄斯深信，女巫法庭想拿他"杀鸡儆猴"，毁掉他的信誉。根据他的信件，他情绪激动地指责当地的猎巫委员会："如果再这样下去，班贝格的诚实人都不安全了，连你们也和我一样不安全。"他从未否认过上帝，现在也不会这样做——"你们的假证和残酷的折磨，才是真正的罪恶！"但在酷刑之后，朱尼厄斯意识到自己的处境，请求找个神父告解，但也被拒绝了，只能自嘲："我日夜与自己搏斗。"

最后，他还是被屈打成招，承认"从一开始自己所说的都是谎言"，他遇到了魔鬼，魔鬼化身为一个与他私通的女仆。他本该杀死自己的孩子，却杀死了一匹马，亵渎了一次圣餐饼。在给女儿的信中，他写道："我最心爱的孩子，因为这些供词，我得死掉了。"他请求女儿快点离开班贝格，直到局势平息。

不过，维罗妮卡可能从未看到过这封信——本来这封信应该由一名卫兵转交给她，但是最终未出现在卷宗之中。这封信要么被上交给了猎巫委员会，要么被审判者截获。至今，我们都无法确定当年的维罗妮卡是否知道自己的父亲是无辜的。

第十四章

监狱中的儿童

　　海伦娜·库尔滕斯（Helena Curtens）只有 14 岁，但她还是被指控行巫术，而刽子手也没有放过她。

阿尔讷·茨披昂卡（Arne Cypionka）供稿

约翰·魏里希·西吉斯蒙德·施瓦茨（Johann Weyrich Sigismund Schwarz）一定是一位敬业的法官。1716 年，这位法学博士在梅特曼（Mettmann）就职后，监狱里人满为患。即使是在格雷斯海姆（Gerresheim）这个只有 450 人的小镇上，以前也只发生过几起盗窃案，但现在也出现了谋杀和私通案件。

不过，施瓦茨法官特别关注猎巫。因而，1737 年，仅 14 岁的海伦娜·梅希尔特·库尔滕斯被指控与撒旦有染时，法官立即开展调查也就不足为奇了。据说这位女孩还亵渎了圣饼，给动物施魔法，而且还被目击以飞行姿态去参加女巫大会，同时还犯下与魔鬼性交的大罪。施瓦茨法官传唤女孩进行审问，海伦娜当庭承认了所有罪行。不过她认为自己是魔鬼的受害者，庭审记录中她一再强调，自己一定会上天堂，因为自己说的是实情。

以今日的角度来看，14 岁的海伦娜还是未成年人，但在那个时代，比她更小的孩子都经常出现在猎巫审判中，她要承担刑事责任也就不足为奇了。不过大多数孩子只是原告，提供证词把邻居和亲戚们送上火刑堆。研究者们对儿童的这种行为还没有特定的解释，或许是行为问题，或许是对巫术的狂热产生了幻想，或许是精神创伤。有证据表明，对儿童的指控大多出现在农村地区，往往涉及边缘群体，甚至是一些青少年罪犯。

海伦娜的家庭在当时是受到歧视的。母亲难产去世后，父亲再婚，她与继母的关系非常糟糕。在接受施瓦茨法官审问时，她还指控邻居艾格尼丝·奥尔曼斯（Agnes Olmans）和她的女儿们"用魔鬼的法力把自己变成了猫"，并打算传授她巫术。奥尔曼斯一家在当时算是社会较边缘的人物，艾格尼丝的丈夫海因里希每日给人打短工赚钱，因此一家人经常搬家，而艾格尼丝的母亲则是全村工人的女巫，她的丈夫证实了这一点。

海伦娜和艾格尼丝被关押近两年，而后调查全面展开。法官还将艾格尼丝的两个女儿短暂监禁，较小的那个只有六岁。从记录中可以看出，这段时日非常煎熬。海伦娜经常在牢房里咆哮尖叫，并数次试图自杀，身上的伤痕也被精确地记录下来，研究还发现她遭到了严重的强奸；当然，对于看守而言，这都是恶魔的行径。施瓦茨法官却把这个女孩当作了研究对象，他怀着科学的好奇心，希望弄清楚海伦娜的暴怒是否和满月及月经周期有关。

1737 年 6 月,这两名女子被转移到杜塞尔多夫(Düsseldorf)，在那里开始接受主要审判。在酷刑折磨下，艾格尼丝承认了自己的罪行，最后被法官格奥尔格·埃卡尔特（Georg Eckarth）宣判死刑。1738 年 8 月 19 日，两人在杜塞尔多夫的刑场上被当众烧死，莱茵河下游地区的最后一次女巫审判就此结束。

她们成了重要的反面教材：法官格奥尔格·埃卡尔特利用这次判决向所有怀疑者表明，巫术的确存在。施瓦茨法官号召本地的信徒们参加了此次行刑，为的是让年轻人接受震撼教育，看看亵渎神明会导致怎样的结果。

第十五章
仅仅因为几个塔勒

奥斯纳布吕克及莱姆戈都发生了严重的猎巫运动。但是在明斯特，却没有一人被审判。为什么?

哈赫尔德·尤斯丁（Harald Justin）供稿

天哪！女巫的活动又猖獗起来了，而且是在明斯特（Münster），这座威斯特伐利亚坚守天主教阵地的重镇。女巫们回来了？不信教的现象正在蔓延？一位天主教神父意识到了危险，发动群众起来反抗。

　　女巫的名字叫格丽塔·布尼希曼（Greta Bünichmann），她是明斯特最后一个女巫，于1635年6月23日被烧死。1994年，明斯特市政府决定，将一条新街区命名为"好牧人"（Zum Guten Hirten）来纪念她。此举遭到了当地一小部分居民的强烈反对，当地的神父还呼吁举行抗议活动，指责市政府居然纪念"一名中世纪的犯罪嫌疑人"。更重要的是，以前的修道院也位于这条街道——简直就是一桩丑闻！

　　数周来，人们大声抗议，激烈讨论，给当地报纸的编辑写信，而当地报刊的文章还激起了众怒。市政府议员梅希尔特·杜辛（Mechthild Düsing）认为自己"仿佛回到了猎巫时代"；远在柏林的《日报》（Taz）刊登了题为《女巫引爆良知争论》（*Eine Hexe sprengt das Sinngefüge*）的文章，似乎女巫这个名称是来诋毁宗教的；连房地产开发商也提出了另一个世俗的理由："女巫街区"会造成房产贬值。

如果这个理由成立的话，那么一个女巫被处死几百年后，光是她的名字还能危害钱袋。可悲的是，女仆格丽塔就是因为被指控使用了有害的魔法而被送上了火刑柱。1635 年，她的雇主指责她犯有异端罪——她给孩子的脸造成了猫抓伤的痕迹，却拒绝念主祷文为他抚手治病，并导致 29 匹马死亡。法庭接受了指控，被告认罪伏法，"女巫"在被焚烧前斩首；而今日，控告者的真实动机为人所知：格丽塔曾借钱给她的雇主买马，他通过处死她来逃避债务。

这两个故事都发生在明斯特，让人惊讶。因为明斯特这座城市凭借巧妙的财政政策、古老的迷信、天主教和世俗的自我意识，抵御了猎巫这场精神瘟疫。从 1552 年到 1644 年，明斯特市议会也曾发生过猎巫运动，但是波及的对象没有达到数百人。相反，在近 90 年的时间里，只有 29 次女巫审判。调查对象涉及 40 名市民，包括 32 名女性和 8 名男性；并且档案中很少使用"巫术"一词，大多使用"魔法"。

被告被指控对动物或儿童施有害的咒语；1486 年，道明会会士雅各布·斯普伦格（Jakob Sprenger）和宗教裁判官海因里希·克拉默在《女巫之槌》中描述的"女巫教义"的基本内容几乎从未被提及，类似参加"女巫大会"或所谓的订立"与魔鬼的契约"的指控也没有出现过。

当地也没有发生大规模的连环审判，与其他城市不同，庭审费用由城市来承担。法官们在判决中始终坚持查理五世皇帝在 1532 年颁布的帝国刑法《加洛林刑法典》（*Constitutio Criminalis Carolina*），大多数独立审判的结果是无罪释放、体罚或驱逐出城，只有六起案件被判处死刑。

即使每一次处决都是失误，但为什么明斯特的情况与其他地方如此不同。例如，在邻近的奥斯纳布吕克市，同一时期，有 250 人因"巫术"被处决；1583 年，120 名妇女仅因"天气巫术"的指控就付出了生命的代价。1564 年至 1681 年间，附近的莱姆戈镇也有 200 多人被处决。

为何明斯特如此不同？我们可以从那些积极推动审判进程的公民身上找到初步答案。参与其中的通常是开明的君主、神职人员、议员和民众。无论是天主教徒还是新教徒，他们都因对上帝和魔鬼的信仰而团结在一起。那个时代对魔法力量的信仰无处不在。教会信奉"白魔法"，并建议由牧师按手治疗牙痛。

古老的民间魔法信仰一直流传。明斯特的起诉书见证了人们对凶手和具有神奇力量的物品的极大信任。为了抵御火灾的危险，加布遣会与耶稣会会士一起在明斯特分发圣币，据说这些圣币也能带来财富。护身符可以保佑健康，让人远离疾病，写在纸条上的祝福语可以保护房屋和农场，而《圣经》中的经文则可以帮助人们对付老鼠。然而，明斯特人并不真正相信天气魔法，他们认为天气破坏是上帝的力量，和被告人无关。

在班贝格这样的城市，许多被告来自城市精英阶层，在其他地方，被告属于中产阶级或农民，明斯特则不然。此外，明确要求猎杀女巫的既不是神职人员，也不是耶稣会会士或主教。正如萨宾娜·阿尔芬（Sabine Alfing）在她的权威著作《明斯特的女巫狩猎和巫术审判》（*Hexenjagd und Zaubereiprozess in Münster*）中讨论的那样，"在明斯特，推动巫术审判的不是当局，而是民众"。更确切地说，是穷人中的穷人被卷入了愚人的妄想之渊。

男性的受害者大多居无定所，他们冒充占卜师或者驱魔师，比如，1629 年的亨利希·卡尔特曼（Henrich Kaltermann）作为"偷豆贼"和"花园大盗"被驱逐出城。还有威尔布兰德·布利辛（Wilbrand Blising）打着"魔鬼的旗号"，承诺找到宝藏以换取报酬。用今天的标准来衡量，他不过是个试图从轻信的市民身上骗取钱财的小骗子。大多数被指控的妇女都是新搬来当地的外乡人，没有社会根基，没有受过教育，做着女仆的工作，生活在温饱边缘。她们最容易受到迫害。

但为何受迫害人数如此之少呢？这就要提到明斯特这座城市的历史了。那时明斯特是一座大城市，有约一万名居民，是富裕的贸易中心。威斯特伐利亚的市民阶层那时非常强大和自信，多次抵抗了主教们无理的权力要求。在三十年战争期间，明斯特没有经历过长期的围攻或征战，各地肆虐的瘟疫也只是在这里零星发生。

明斯特也未能幸免于"小冰河时期"的恶劣气候条件。然而，凭借其财富，明斯特通过补贴缓解了粮食价格的上涨，对于大多数市民来说，价格上涨是有限的。

穷人和有需要的人由穷人救济组织照顾，必要时，市议会会下令给穷人分发食物。市议会成员和城市精英们不需要，也不会感到女巫和男巫的威胁。

此外，关于巫师的威胁，包括骑扫帚和魔鬼诱惑人的传说并没有流行起来。中上层阶级的科学教育和城市环境，与午夜巫师绕着光秃秃的山林飞行的故事实在沾不上边。神学诡辩助长了宗教裁判官的仇恨说教，这与追求平衡的明斯特人的温和气质格格不入。

再洗礼派的血腥经历（1534—1535 年）及其在宗教改革后不久遭受的迫害可能是一个警示，提醒人们不要听风就是雨。因此，在巫术指控案件中，市议会避免公开宣读法庭判决和审判。正如我们今天所理解的那样，它奉行的是一种缓和的媒体政策，没有进一步助长新出现的猎巫气氛。

从1627年到1635年，连续几年的大雨导致粮食价格上涨，情况才变得棘手起来。1559年，一斗黑麦的价格为5先令，而到了1629年，价格飙升到了创纪录的每斗28先令。在三十年战争和瘟疫暴发的背景下，市议会对谷物实施出口禁令，并试图确保民众的粮食供应。

然而，也有一些人深受其害，首先是那些即使在平静时期也只能勉强维持生计的小商人。巫师、告密者及其受害者的圈子正是在这些人中出现的。萨宾娜·阿尔芬写道："从1635年夏天开始，随着谷物价格开始下降，居民的紧急状况有所缓解。在生存威胁减弱的同时，一系列审判也结束了。格丽塔被指控施展巫术的三个月后，谷物价格才首次回落。"由此看来，这位被认定为女巫的妇女以及她在火刑柱上的死亡，是普遍的困难和控告者贪婪的直接产物——控告者为了少数几个塔勒，害死了格丽塔。

在很长一段时间里，猎巫话题都是一个历史研究的"未知之地"。女巫在童话故事中为非作歹，被烧死并最终被遗忘。然而，自20世纪60年代以来，她们成了一个时髦的话题。针对猎巫的多种解释（有些是过度解读），文化人类学家克利福德·格尔茨（Clifford Geertz）建议根据问题进行具体分析："是什么导致一些人在其他人身上看到超自然行为？他们看到的又是什么？"

这个问题一语中的。马贩子赫尔曼（Herman）迫害格丽塔，是为了抵赖债务；数个世纪后，那些仅仅因为一个名字而担心自己房子在 1994 年贬值的业主们，也遵循了同样的逻辑。归根结底，物质原因而非信仰原因剥夺了格丽塔的生命，还影响到她后世的名声。

另外一方面，市议会采取了巧妙的政策，将财政控制得当，为穷人提供有针对性的照顾，补贴谷物，防止糟糕的事情发生。社会衰落和对经济困难的恐惧，导致许多女性被逼上了火刑柱，而金钱则是明斯特市用来反制的手段。

幸运的是，现代的故事有了不同的结局。今日，明斯特围绕格丽塔大街的投资已经初见成效，那里聚集了律师、心理治疗师和房地产中介，甚至德国太空协会（Deutsche Raumfahhtgesellschaft e.V.）也选址在这里。2012 年，在明斯特市文理中学学生们的要求下，曾经的刑场也竖起了路牌，纪念在那里被迫害的女巫。

格丽塔一案的档案今日依然保存在市档案馆，是学生们的直观教材。今日而言，人们不再关注金钱，尤其是年轻人，他们从小接触妇女解放运动，了解所谓的女性"对魔法的偏爱"，巫术指控已经不再恐怖。对他们而言，受司法系统迫害的个体的命运，才是关注的焦点。

第十六章

"论恶魔令人眼花缭乱的作品"

任何反对猎巫者都需要极大的勇气和钢铁般的意志。法学家克里斯蒂安·托马斯乌斯（Christian Thomasius）反对巫术信仰，是德国启蒙运动的先驱。

约阿希姆·莫尔（Joachim Mohr）供稿

克里斯蒂安·托马斯乌斯即将开始自己的职业生涯。他是一位教师和哲学家的儿子，1669年至1679年间先在莱比锡学习哲学，然后在奥德河畔的法兰克福学习法律，毕业时获得了法学博士学位。1687年，他成为莱比锡第一批用德语而不是拉丁语发表演讲的大学讲师之一，引起了一场争论。三年后，他搬到哈勒（Halle），被勃兰登堡选帝侯腓特烈三世任命为顾问。1694年，普鲁士在哈勒成立改良大学，他成为该大学法律系的创始人。

　　就是在这一年，托马斯乌斯受命为一场女巫审判的官司撰写专家意见——芭芭拉·拉巴伦兹（Barbara Labarenz）被指控向她的一位寡妇朋友传授巫术，同时还被指控用各种咒语伤害其他人，包括用虱子和咒语迷惑他们。然而，被告矢口否认这些指控，因此托马斯乌斯得出了一个决定性的结论：应该从早到晚用最严厉的酷刑让这位女被告承认被指控的巫术。然而，哈勒法学院的同事们并不同意他的建议。可能是认为证据过于薄弱，被告被释放出狱。大约 25 年后，托马斯乌斯在谈到他对女巫审判的判决时写道："我当时道听途说，并没有仔细考虑这件事。"他的判决被同事们否决，这让他非常不安，尽管他的愤怒"主要针对自己"，而不是同事们。

为了从这次审判中吸取教训，托马斯乌斯在接下来的几年里深入研究了女巫审判并彻底改变了他对所谓女巫的态度：这位在德语世界备受尊敬的法学家和哲学家，不仅为德国的启蒙运动铺平了道路，而且成为反对女巫迷信和焚烧女巫的最坚定斗士之一。

在几个世纪的猎巫运动中，欧洲及其殖民地有五万至六万人被杀害，有时是以极其残暴的方式。也许有人会问，既然猎巫和自愿受刑者随处可见，为什么没有更多的受害者呢？这是因为，尽管教会中有许多狂热的女巫猎人和有影响力的女巫理论家，但坚决反对猎巫的人也一再发出反对的声音。

自基督教早期以来，关于魔法是否真的存在，众多教会领袖、神职人员和普通信众一直争论不休。毕竟只有全能的上帝才能决定世间万物的走向。这意味着不幸的命运——暴风雨、歉收、疾病和死亡——都被视为上帝的考验或惩罚，而不能归咎于女巫和魔鬼同盟的力量。

这就意味着，被指控的女巫，只要能证明她们确实犯罪，就和普通犯罪者没有区别，她们可以通过祷告和忏悔回到基督教信仰的正途。随着 15 和 16 世纪文艺复兴和人文主义的兴起，反对迫害女巫的神学论据中又增加了法律和医学方面的反对意见。

1515 年出生的德裔荷兰医生约翰·韦耶（Johann Weyer）是早期反对猎巫的人之一。他十几岁时就被父亲送到了博学家阿格里帕·冯·内特斯海姆（Agrippa von Nettesheim）的家中学习医学，当时内特斯海姆正在为被控施巫术的妇女辩护。韦耶后来成为统治克莱夫（Kleve）、尤利希（Jülich）和伯格（Berg）的威廉五世（Wilhelm V）公爵的私人医生。

1563 年，韦耶发表了反对迷信巫术的精彩读物《论恶魔令人眼花缭乱的作品》（*De praestigiis daemonum*）。该书的副标题是"讨论魔鬼、魔法师、黑魔法、魔鬼迷信、女巫和下毒者"。这本书一版再版，还被翻译成多种文字，逐渐成为反猎巫运动的经典著作。

韦耶的主要神学论点是，在圣经中找不到巫术的正当存在。在他看来，巫师和异教徒一样，应该在信仰问题上得到更好的指导，但不应该被处死。在法律方面，他认为恶魔和人类之间不可能有契约，因为契约要求双方都互相讲信用，但是这一点魔鬼是不可能做到的。此外，女巫只是心中有恶，而未必落实在行动上，因此应该免于惩罚。

韦耶在医学层面也提出了自己的论点。在他看来，女巫是被蛊惑、有妄想症并患有精神疾病的女性。她们沉迷于当时所说的忧郁症，尤其是当她们相信自己是女巫并坚信自己有罪的时候。因此，韦耶认为，女巫并不是威胁他人财产甚至生命的邪恶之子，而是可怜的人，她们不应该被烧死，而是需要更多的帮助。基于"精神错乱"这个论点，韦耶还提出了"无法承担法律责任"这个观念，在今天的法理中依然发挥着关键作用。

1588 年，韦耶去世，而焚烧女巫的疯狂行动还持续了两个世纪，尽管知识的曙光不断驱赶着迷信的雾霾。

新的思想流派影响着社会中受过教育的精英：理性主义是以理性为基础的世界观，其代表人物是法国哲学家笛卡儿（1596—1650 年）等人；经验主义则以观察和实验为基础，其代表人物是意大利全才伽利略（1564—1642 年）。

在新的世界观中，巫术、魔力甚至人格化的魔鬼等神奇观念已不复存在。人和物只能受到符合自然法则的机械力量的影响，因此巫术和诅咒不再可行。上帝经常要与巫婆和魔鬼斗争的想法开始淡化。

但是，不能忽视的是，16、17 世纪大多数人依然相信魔鬼和女巫的存在，就像他们认为末日审判、天堂和地狱都存在一样。生活中，大多数人的思想仍以基督教信仰为核心。

任何怀疑女巫信仰的人都会被指控为无神论者，而任何反抗这种信仰的人都活得很危险——你很快就会被怀疑与魔鬼秘密结盟。那么，通往火刑柱的路就不远了。韦耶医生之所以能安然无恙，可能只是因为有开明君主的保护。

另一方面，德国耶稣会士和诗人弗里德里希·斯佩（Friedrich Spee，1591—1635 年）只能以匿名方式绕过审查制度，出版他的著作《关于女巫审判的法律讨论及记录》（*Cautio criminalis seu de processibus contra Sagas Liber*），其中他对女巫审判中的司法管理提出了激烈质疑。

斯佩在书中多处神秘兮兮地写道：真相当然存在，但时机尚未成熟。他表达的观点是：根本不存在女巫。这种观点在 16 世纪是革命性的，只有少数人相信，即使是大多数批评猎杀女巫的人，也没有从根本上质疑魔鬼的存在。

托马斯乌斯也坚信魔鬼的存在，不过，1701 年，他的作品《巫术影响的考察》（*De crimine magiae*）全面地抨击了猎巫运动，也让他成为那个时代猎巫的主要反对者。在出版自己引发争论的作品之前，托马斯乌斯研究韦耶、斯佩和其他一些猎巫批评者的文章达数年之久。

他最重要的论据是："魔鬼没有身体，也不可能有身体，因此他不能与有肉体的人立约。"换句话说，他否定了魔鬼与人类达成契约的能力，剥夺了魔鬼支配人类的权力。托马斯乌斯对此深信不疑："我相信，所有这些要么是游手好闲之人的杜撰，要么是那些想欺骗他人、沽名钓誉、骗取钱财之人的虚构，或者是忧郁者的想象，再就是刽子手们酷刑逼供的产物。"

托马斯乌斯呼吁从原则上废除对女巫的审判，因为在他看来，判决缺乏严谨的证据，刑讯逼供获得的供词没有任何效力。特殊的法律规则不应再适用于女巫审判，而应采用与其他审判相同的规则。他干脆宣布，所谓的巫术和异端是不可审理的。

在托马斯乌斯眼中，魔鬼是邪恶道德的化身，但在现实中，它不是一个长着山羊脚和尾巴、引诱人们犯下恶行的有肉体的怪物。"我一直否认……魔鬼有角和利爪"。托马斯乌斯讨论道：人们做恶事并不意味着你必须杀光他们，有谁是完美的圣徒呢？

他还多次利用反对女巫审判的论点来攻击神职人员，正如他在 1705 年写道，神职人员"假装自己比其他阶层的人更加神圣，并偷取了普通人对自己良心的支配权"。1712 年，他批评了"关于魔鬼契约和幽灵的小故事"，称其为"精神欺骗"，只是为了"让人们保持一致"。

在德国启蒙运动的初期，即 1690 年至 1730 年期间，反对迷信及反对猎巫的斗争对新思想家来说尤为重要。甚至在几十年后的 1790 年，启蒙运动中最重要的德国哲学家康德在其著作《判断力批判》中提出："从迷信中解放出来便是启蒙。"

托马斯乌斯一直生活在哈勒；这位法学家将哈勒大学建成了一所现代化大学，他被任命为勃兰登堡选帝侯司法枢密院顾问，并于1710年成为哈勒大学的终身校长。在托马斯乌斯的著作中，他将自然法和神学严格区分开来，是德国最早将具体人权赋予个人的思想家之一。

时至今日，托马斯乌斯仍被认为是17世纪末18世纪初最重要的学者之一，是早期宽容的倡导者。腓特烈大帝非常欣赏他，1775年在《我的时代史》中写道："……他嘲笑法官和女巫审判，他提请公众注意事物的物理和自然原因。"1799年，席勒在给歌德的信中说，托马斯乌斯展现了一个有精神、有活力的人与这个时代的迂腐有趣的脱节。

托马斯乌斯去世的那一年，即1728年，普鲁士进行了最后一次女巫审判。在柏林，一名22岁的磨坊主女儿因为企图上吊自杀而被起诉。但是，她并没有被处以火刑，而是被判处终身监禁，在斯潘道（Spandau）纺纱厂劳作。这样判决的理由是"让辛苦工作给予她身体和心灵的药剂"。判决的目的不再是摧毁被指控堕落的罪犯，而是帮助她——当然是按照那时观念所认定的帮助。

第十七章
戈雅的名作《女巫的飞行》

《女巫的飞行》是弗朗西斯科·德·戈雅（Francisco de Goya）的六幅系列画作的一部分，在这六幅画作中，戈雅将巫术和迷信作为主题。我们应该如何理解这位著名西班牙画家的名作？

卡特琳·马斯（Kathrin Maas）供稿

两个男人在深夜里爬上了一座山，他们在黑暗中迷失了方向；在他们头顶上盘旋着三个女巫，发出刺眼的光芒。她们穿着轻薄的裙子，头顶戴着开叉的高帽；三个女巫悬在空中，怀中抱着一个赤身裸体、毫无生气的年轻人。

　　那两个男人似乎非常害怕，不想自己遭到同样的命运——一个人趴在地上，用双手捂住耳朵；另一个人则把头藏在一块白布的下面，不想看到上面的东西。不过在他们头顶上究竟发生了什么？如果他们真的正眼观察的话，会看到什么？他们会意识到三个飘浮的女巫是自己的想象吗？她们都是幻觉吗？

　　戈雅（1746—1828年）在《女巫的飞行》中巧妙地探讨了当时西班牙社会普遍存在的女巫迷信问题。即使在启蒙时代的18世纪，许多人仍然害怕女巫和恶魔。而同时，他们还依赖魔法和巫术，希望通过巫术治愈重病。戈雅批判了旧时流行的信仰，在他看来，这种信仰阻碍了进步和理性。他与西班牙上层社会的开明人士一起，试图与巫术神话作斗争。

《女巫的飞行》是戈雅在 1797 年至 1798 年间为奥苏纳（Osuna）公爵创作的六幅女巫画之一。这个家族属于西班牙的进步贵族；公爵夫人是她那个时代最聪明、最多才多艺的人物之一。这个家族的宫殿和位于阿拉梅达（La Alameda）的乡间别墅中展示着拥有的艺术珍品。如今，这幅画（原作尺寸为 43 厘米 ×30.5 厘米）悬挂在马德里的普拉多国家博物馆（Museo Nacional del Prado）。

开叉的高帽

乍一看，画中女巫的帽子让人联想到"异教徒的帽子"（carochas）：西班牙宗教裁判所将一些罪犯送上火刑柱时，罪犯会戴上这种圆锥形的帽子。这些帽子由纸板制成，上面标有或涂有相应的判决符号，比如，火焰代表死刑。不过，从画作中帽子的裂口可以看出，这三个女巫戴的是天主教的传统服饰——主教帽。主教帽意味着这些女巫有祭司的身份，她们的行为被描述为一种宗教行为。主教帽也象征着戈雅对天主教会的批评：这位艺术家在他的画作中多次公开质疑神父和宗教裁判所官员的权力，他指责教会助长了未受教育阶层的迷信。

蛇形图案

主教帽子上画着蛇形的图案。蛇是智慧的象征，不过它们也寓意再生、治愈或者完全相反的死亡。在圣经中，蛇象征着诱惑和邪恶；蛇还是共济会的符号，而戈雅在共济会中有许多朋友。画家想用蛇暗示些什么呢？看看女巫的脸就能找到答案。

肿胀的脸颊

肿胀的脸颊表明，女巫正在向怀中的年轻人吹气，似乎是向他吹入了什么东西。与大多数人的看法相反，她们并不是在吸食受害者的鲜血。贴切的解释是，她们在向他灌输力量和知识。如果这种解释正确，戈雅可能在此暗示共济会的入会仪式：女巫将自己的智慧传授给人，帮助他走上启蒙之路，摆脱旧时代的信仰，走向理性。戈雅对光的运用也与共济会的象征相吻合：浮在空中者将人带出黑暗，走向光明。也可以想象：女巫们为失去生命力的身体注入了新的生命而不是智慧；难道是永生吗？她们怀里的年轻人是否已经死去？

被举起的年轻人

戈雅在这里显然是影射复活——年轻人的姿势和张开的双

臂让人联想到十字架上的耶稣，三根脚趾可能是象征天使或三位一体。不过无法解释清楚的是，年轻人升天后将会发生什么。在许多描述复活的绘画中，通常都会有天堂的光明来指引方向，但是这幅画中没有。总的来说，这幅画中均匀的光线从何处来还是个谜。

用白布遮头的男人

画中最明亮的部分是那个用白布遮头的男子，他要保护自己不受女巫伤害。这块白布是空中半裸的人掉落的吗？他是否之前像尸体一样被裹在白布里面？或许是这两个人把尸体抬上山的？难道他们希望女巫能让他复活？但最后，他们害怕了。白布遮蔽下的男人，右手呈现"无花果手"的手势，用来反击女巫的"邪恶之眼"。当然，他也无法看到启蒙和理性之光。

驴子

画面中最右边的驴子处在暗部。驴子可能驮着年轻人的尸体上了山。但是，在戈雅的作品中，驴子主要象征着无知。在幻想和现实交织之处，在非理性和迷信盛行之地，驴子无处不在。

对这幅画的解释是根据研究戈雅的专家、马德里普拉多博物馆馆长古德伦·毛雷尔（Gudrun Maurer）的谈话整理而成的。

第十八章

司法谋杀

女仆安娜·戈尔迪（Anna Göldi）于1782年被处死。作为欧洲最后一个被处死的女巫，她可能是一场阴谋的受害者。

索尔维格·格罗特（Solveig Grothe）供稿

一名八岁的女孩在自己的牛奶杯中发现了一枚针，一个月后就病倒了。据她的父母说，她得了抽搐症，在犯病的时候会痛苦地吐出针。这个孩子应该是吃了被施魔法的饼干，她的身体可以生出针来，而她吐出了一百多根！现在看来这是相当荒谬的故事。

但是，就这样一起案子，让瑞士当地政府忙活了好几个月，最终开庭审理。一名妇女被指控在饼干上施了魔法；审判发生时，欧洲正经历着启蒙时代。医学专家那时就知道，这样的指控不可能是真实的。可在收到两份医学报告后，法庭竟然认定这个故事是真的，这着实令人吃惊。法庭宣判被告有罪，并将她处死。这是欧洲大陆上最后一次女巫审判，发生在1782年。今日，已经生活在21世纪的我们，还在关注一个问题：这样一个奇怪的案件怎么会有这样的结果？

受害者名叫安娜·戈尔迪，1734 年出生于圣加仑（St. Gallen）莱茵河谷的萨克斯（Sax），今日那里是瑞士东部的一个农业村。戈尔迪在最贫穷的环境中长大，她从小就不得不靠做女仆维持生计。成年后，她在一些体面的家庭中找到了工作。1780 年 9 月，45 岁的她进入格拉鲁斯（Glarus）州同名村的楚迪家（Tschudi）工作。

她在那里才工作了一年，就被指控在雇主二女儿安娜·玛丽亚（Anna Maria）的牛奶杯里放了别针。1781 年 10 月底，戈尔迪被解雇。第二天，她向雇主提出申诉，并写信给州执政官兰达曼（Landammann）和格拉鲁斯主要城镇的新教牧师——这两位是主管法院的首要人物。安娜·戈尔迪宣称对她的指控毫无道理，并要求赔偿。官员显然对女仆的自信感到非常惊讶，最后将安娜驱逐出境。

她的突然离开在居民中引起了轩然大波：有传言说，她的雇主约翰·雅各布·楚迪（Johann Jakob Tschudi）医生让她怀孕了——这可不仅仅是一桩丑闻：这位 34 岁的医生不仅是一名医生，还是一名议员和法官。有趣的是，他在法庭担任的职位，正好是负责有关家庭和社会风气方面的审判工作——也就是说，他是当时社会风气的监督者。

这样的指控非常严重。当时，通奸被认为是最严重的罪行之一。仅在八年前，格拉鲁斯市民大会就通过了相关规定，并针对议员引入了一项特别的通奸条款。任何被认定犯有通奸罪的人都不再有资格担任国家公职，必须辞职。让事情变得更加微妙的是，戈尔迪求助的官员不仅是楚迪医生的同事，而且还与他有亲戚关系——市长是约翰·海因里希·楚迪（Johann Heinrich Tschudi），格拉鲁斯的教区牧师和楚迪医生一样名叫约翰·雅各布·楚迪，他们都是一个家族的人。

由于担心戈尔迪向其他地方政府揭露这样的丑事，格拉鲁斯政府采取了极端措施。在楚迪医生的敦促下，议会决定搜查并逮捕这名女仆。一纸通缉令指控她意图伤害一个八岁的孩子，并承诺如果她被抓到，将给予奖励。安娜·戈尔迪于1782年2月被捕。在随后的审讯中，47岁的安娜宣称楚迪没有碰过她，医生因此被免罪。

案件本可以结束，但接下来发生的事让人惊讶。楚迪坚持认为戈尔迪给自己的女儿下了魔咒，让孩子得了吐针的怪病。事情自此变得越来越离奇：医生请了一位著名的庸医兼驱魔师加兽医，后者尽管无法治愈他的女儿，但留下了出色的诊断书：在饼干中发现了针、铁线和能长出钉子的种子，它们在病人的胃中繁殖。唯一能够治愈女孩的，只有戈尔迪。

当局决定午夜在市政厅进行治疗尝试。孩子的父母宣称，治疗无效。后来，治疗尝试被移到了楚迪家，最后移到了前女仆的房间。1782年3月18日晚，当八岁的安娜·玛丽亚从这个房间出来并来到客厅时，家人和官员们都聚集在那里。他们宣布"奇迹"发生了。医生楚迪向议会报告说，女仆治好了孩子的病。现在，戈尔迪的麻烦更大了。

1782年6月6日，当地议会以32票对30票判处戈尔迪死刑，理由是其实施"难以解释的黑魔法"。律师兼作家沃尔特·豪瑟（Walter Hauser）于2007年首次将他对此案的研究结集成书出版；资料展示了女孩的发病情况，医生如何用手指拔出她嘴里的针以及女孩遭受了何种痛苦。

法官们可能忽略或没有注意到一个小细节：一位证人指出，一块"白布"在所指控的犯罪中发挥了重要作用。母亲把白布放在孩子的嘴前，这样就完全看不到实际的吐针过程，而针很可能就藏在布上。其他证人报告说，他们看不到吐针的过程，因为母亲一直陪在孩子身边。

然而，没有一个证人对审讯过程本身提出疑问——原因可能只有一个：他们都是这家人的亲戚、朋友或佣人。负责监督审讯的牧师始终在场——虽然官方命令不允许他本人作为证人出庭，但没有人敢反驳神父。

根据豪瑟的说法，这个指控可能是楚迪牧师自己想出来的，且在当时并不稀奇。当时有数次关于儿童装病并声称自己在吐针的事件的报道。1770年，一名10岁的儿童癫痫发作并吐针；1782年，据称一名14岁的儿童吐出了"铁片、铜片、铅片、纽扣、钉子、锯子和石头"。父亲认为这是一个"魔咒"，而医学检查揭穿了这个骗局。

这招在楚迪案中也可以使用。楚迪医生本人可不是庸医，而是一位专家。1767 年，他获得巴塞尔大学消化学博士学位。在那里，他还遇到了后来在审判中的重要盟友——约翰内斯·马蒂（Johannes Marti）医生，后者是他的学生、朋友和专业同事，同时也是风纪法庭的成员。马蒂是专家报告的作者，这一报告证实了楚迪的指控——尽管他的同行医生们将这种疾病的病程描述为"物理上不可能"。他的专家报告是受调查员和法院院长的委托撰写的。前地区行政长官巴塞洛缪·马蒂（Bartholome Marti）是马蒂医生的亲戚，与他一样也是楚迪夫妇的朋友。

如果换到另外一个法庭，可能审判结果会非常不同。但是，楚迪家族一开始就用权力确保审判在当地的议会举行。豪瑟认为，在戈尔迪的案件中，当地议会并没有裁判权。戈尔迪来自另外一个州，应该被视为外乡人。因此，这场审判应该由两个州组成的共同委员会来进行；楚迪阻止天主教徒参与进来（另外一州是天主教州），他率领亲戚和新教的信众在市政厅抗议。此外，当地议会也没有判处死刑的权力。

尽管此案疑点重重，戈尔迪被宣判后还有一线生机：一位前雇主为她向苏黎世当局求情，而苏黎世方面也同意将她作为当地居民，终身监禁在利马特施塔特（Limmatstadt）监狱。但是这个提议被格拉鲁斯的议会拒绝了——豪瑟认为，这可能是因为他们担心戈尔迪翻供，败坏格拉鲁斯政府的名声。

因此，戈尔迪的生死是由一个没有司法权的法庭决定的，而且审判过程也缺乏法律依据：1698 年以来，巫术罪已经不是死罪，因此不能判处死刑。可能出于这个原因，也为了避免被其他地区嘲笑，当局在判决书中避免使用"女巫"一词，只是使用了"破坏者"（Verderberin）。但是，作为破坏者被处死，也是没有任何法律依据的——1636 年处死破坏者的法律已经被废除。

而被告在庭审中直到最后才有自己的辩护律师，在那个时代这已经被视为程序缺陷。只是在酷刑下戈尔迪招供后，才给她配备了辩护律师。但是这位辩护律师能做的，只有求饶，而且无济于事——判决下达七天后，戈尔迪被斩首。

死刑的判决和执行不符合法律，也不符合当时的标准司法程序，这一点当地议会非常清楚——豪瑟在自己的书《安娜·戈尔迪——处决和平反》（Anna Göldi：Hinrichtung und rehabilitierung）中这样写道。一年后，这个地区宣布，在今后的案件中应严格遵守法律规定和正确的法律程序。

至今我们仍然不清楚为何楚迪家族要如此卖力地杀害一名无辜的妇女。根据豪瑟的说法，可能戈尔迪只是家族长期斗争的受害者。楚迪家族与格拉鲁斯最富有、最有影响力的茨维基（Zwicky）家族争权夺利。16 世纪时，楚迪家族处于鼎盛时期，是瑞士最重要的家族之一，对他们而言，此事事关重大：戈尔迪的雇主楚迪医生对于这个家族非常重要，如果他被证明与女仆有染，整个家族都会承受巨大的压力。

家庭关系、附庸关系和忠诚也起到了决定性的作用，安娜·戈尔迪与茨维基家族的成员有私生子，尽管没有得到官方承认，但是她曾经在茨维基家族工作过，似乎与该家族一直保持着秘密且友好的关系。

审判结束后不久，所有关于审讯和酷刑的卷宗都失踪了，甚至还包括所有的口供笔录。只有大约 700 页的抄写"副本"保存了下来，但这些只覆盖了所有文件的一部分；就连这个副本最初也消失了，直到戈尔迪被处决 36 年后才重见天日。

由于两名德国记者的报道，此案很快被公之于众。他们的报道让格拉鲁斯的司法机构背上了"欧洲最后一次女巫审判"的恶名。施瓦本讽刺作家威廉·路德维希·韦克林（Wilhelm Ludwig Wekhrlin，1739—1792 年）嘲讽道："就德语地区而言，你们这个角落是唯一一个还相信女巫的地方。"另一位记者是来自马格德堡附近的德特斯哈根（Detershagen）的海因里希·路德维希·莱曼（Heinrich Ludewig Lehmann）。

长久以来，人们一直不知道莱曼那时是如何从严格保密的刑事审判中获得信息的。可能是在戈尔迪被处决两个月后，马蒂医生因为自己的专家意见饱受批评，为了给格鲁斯辩护，他找到了莱曼来撰写文章，但是莱曼进行了公正的考察。

2006 年，豪瑟在莱曼的一本家庭记录中发现了这位记者的笔记，而那本笔记中还有几乎所有参与审判者的签名。莱曼在笔记中写道，当地的议员兼书记员约翰·梅尔基奥尔·库布利（Johann Melchior Kubli）将秘密档案交给他，或者至少是给他看过。库布利是女巫审判的记录员。

通过这种方式，这个案件的真相才得以大白天下。哥廷根历史学家和宪法律师奥古斯特·路德维希·冯·施洛泽（August Ludwig von Schlözer）于 1783 年创造了"司法谋杀"的概念。施洛泽在《国家报》（Staatsanzeigen）发表文章写道："我对这个新词的理解是，受命防止谋杀发生或在谋杀发生时对嫌犯进行适当惩罚的人，蓄意甚至堂而皇之地谋杀无辜者。"

2007 年 1 月，作家兼律师豪瑟在戈尔迪逝世 225 周年之际，要求瑞士州政府和格鲁斯议会恢复戈尔迪的名誉；尽管此举引发了一场辩论，但是被州议会采纳。

2008 年 6 月，州政府和新教会及天主教会达成一致意见，宣布戈尔迪无罪；2008 年 8 月，州议会一致表决，为这位女仆恢复名誉。豪瑟律师称，这是欧洲第一次由议会出面，为那些所谓的女巫平反。

第十九章

白日纯洁，夜晚下流

在《浮士德》中，约翰·沃尔夫冈·冯·歌德（Johann Wolfgang Von Goethe）描述了一场女巫的狂欢，让古老的世界魂牵梦萦。但诗人本人相信魔法吗？

约翰内斯·萨尔茨韦德尔（Johannes Saltzwedel）供稿

阴郁迷蒙的谷底，若隐若现的悬崖，鬼哭狼嚎的声音，窜来窜去的老鼠和萤火虫，阴森恐怖的鸟叫声，突然出现闪着红光的岩壁——这真是再阴森恐怖不过的场景了。老于世故的浮士德博士，在契约伙伴靡菲斯特（Mephisto）的带领下，恍恍惚惚、踉踉跄跄地前行——直到他意识到他们来到了一个多么传奇的地方：哈茨山区的布罗肯峰（Blocksberg），那里女巫们正在庆祝瓦尔普吉斯之夜（Walpurgisnacht）。

　　很快，两位主人公就被狂欢的女巫们包围了，喧闹的魔物、男女巫师们把来访者带入庆典。魔鬼靡菲斯特享受着同类相聚的"狂欢日"，他还一度呻吟道："对我而言，这太棒了"。

　　这一幕的作者是一位国务大臣兼枢密院大臣，他有时似乎也有同样的感受。年轻时，歌德在他的戏剧《浮士德》（Faust）中暗示，梅菲斯特能变出一个"女巫行业"。后来的版本就大量描写了浮士德在女巫配药时的观察。

在这个场景中，学者将"伟大的魔法"视为"狂热的混乱"。然而，他的引诱者靡菲斯特需要女巫：只有她们知道如何调制魔药，让浮士德重新焕发活力，成为一个迷人的活人。于是这一切就发生了，其中有许多胡言乱语，包括"女巫的一""……九是一，十是无"——该剧于 1790 年作为"片段"与这些胡言乱语的诗句一起印刷，一举成为传奇。

令人惊讶的是，18 年后完成的版本中，歌德居然让整支无拘无束的女巫大军出场。"看！几乎看不到尽头！一百堆火焰熊熊燃烧，人们跳舞、聊天、做饭、喝酒、谈恋爱；你告诉我，还有什么比这更好的？"布罗肯峰的混乱场面中，靡菲斯特询问自己被吓倒的同伴。

歌德从小就知道女巫、鬼魂和黑魔法的故事。他在魏玛图书馆的旧书中获得了新的灵感，这里他使出了浑身解数，津津有味地写了关于"魔鬼屁股"的诗歌，还让坐在宝座上的撒旦宣布：男人除了黄金之外最爱"女性的阴部"，而女人则最爱"男性的阳具"。这一切都遵循着"白日纯洁，夜晚下流"的座右铭。

粗俗的闹剧，摆出统治者姿态的魔鬼——诗人终究不希望将这些过分的东西印刷出来。为了出版这本书，他删去了许多狂野的构思，甚至删去了整个场景。直到很久以后，被搁置一旁的"瓦尔普吉斯狂欢"才从文件中被发现。不过，这个经过大量删减的版本仍然昭示着它的意义所在：在布罗肯峰上的狂欢中，靡菲斯特想通过这种方式让受害者深陷罪恶，使其堕落。

最终，恶灵没有得逞，因为在一片喧闹声中，一个"苍白、美丽的孩子"突然出现了，就像在幻觉中一样。浮士德不寒而栗，他认出了被他玷污并自杀的格丽卿。女巫的力量已经消失，而拯救浮士德的灵魂仍有可能。

然而，在歌德的有生之年，这是否会发生仍是一个悬而未决的问题。他确实多次出版了《浮士德》续篇，甚至整幕作品。然而，他将这部篇幅更长的第二部完整手稿封存起来，就像一座神龛；直到1832年歌德逝世后才立即付梓。其中的女巫场景在神话创造力方面令当时任何文学作品都望尘莫及。

1482行的"瓦尔普吉斯之夜"长诗为第二幕的末尾。它将浮士德和靡菲斯特带到了古代的恶魔世界。尤其是靡菲斯特，一开始就被狮鹫、人面狮和其他古希腊半人半兽所困扰。他觉得古代"太生动了"，并抱怨道："我知道如何驾驭北方的女巫，却无法应付这些奇怪的精灵。"

但靡菲斯特很快就遇到了自己喜欢的人物，如吸血的"女蛇精"（Lamia）。"如果没有女巫，谁要做魔鬼呢！"当一个长着马蹄的怪物向全场致以"最美的问候"时，他最终意识到魔鬼世界是相通的："在这里，我以为所有人都是陌生的／但还是找到了近亲／翻看古老的书／从哈茨到希腊，都是好兄弟!"

这些令人作呕的魔物后来与这位北方来客胡闹了起来。最终，习惯了古老德国魔法的靡菲斯特与"色萨利的女巫"们厮混在一起。毕竟，瓦尔普吉斯这个场景只是《浮士德》庞大叙事中的一个热闹的插曲，撑爆了所有戏剧舞台。最终，神圣的力量战胜了所有黑魔法，甚至浮士德的灵魂也在最后时刻，被天使从魔鬼手中"夺走"。

但作者歌德本人，是如何看待自己的创作的呢？他很笃信女巫和魔鬼吗？显然不是。所有的希腊传说，按照他1826/1827年的说法，全部都是"人为构建的"，它们是"最勤劳、最纯洁人性的化身"；不过这些总是好过"丑陋的魔鬼和巫婆"，因为后者"诞生在黑暗和恐惧的混乱想象中"。

当然，他为自己和文学行业明确展示了一个例外。任何诗人都应该"从这样的元素中获取创作素材"。在他一生中最重要的一部戏剧中，他展示了这种"素材"所能产生的效果。

第二十章
日耳曼的遗产

纳粹视女巫为异教智慧的守护者，并对受迫害者的祖先进行了研究。

乌韦·克鲁斯曼（Uwe Kluβmann）供稿

帝国党卫军首领海因里希·希姆莱（Heinrich Himmler）是一名狂热的种族主义者，也是大屠杀的组织者。他有个鲜为人知的癖好——研究猎巫运动。

　　在"夺取政权"两年后的1935年，党卫军首领希姆莱指示党卫军的安全局（Sicherheitsdienst）成立了一个研究小组，调查猎巫运动的情况。于是，"女巫特别委员会"标志着迄今为止规模最大的女巫迫害研究项目的开始。

　　然而，科学对希姆莱来说只是达到目的的一种手段。首先，他希望利用猎杀女巫的材料作为反对教会和基督教的弹药。"女巫特别委员会"从成立开始，官方宣传的指向性就非常清晰。1935年11月，希姆莱在戈斯拉尔（Goslar）帝国农民节发表演说时谈到猎巫并指出，"在火葬场上，我们人民的母亲和女孩的尸体被撕成碎片，在数以万计的女巫审判中被烧成灰烬"。在没有任何历史依据的情况下，这位党卫军首领宣称："在很多情况下，我们只能猜测这一切血腥运动，都是我们永远的敌人——犹太人——以某种名义或者组织来策划的。"

此处希姆莱的看法与党卫军旗队领袖霍斯特·雷亨巴赫（Horst Rechenbach）不谋而合。一天前，这位党卫军官员在"帝国营养委员会"面前演讲时，将现代早期的"巫师"和"术士"看作日耳曼部落反对罗马教会斗争的见证人。他还声称："这种疯狂的迫害使我们失去了成千上万的受害者，无论是天主教地区还是新教地区。"

希姆莱和雷亨巴赫的演说由"帝国营养委员会"出版，他们对猎巫运动的看法要进入大众教材。

希特勒本人对猎巫这个话题并不感兴趣，不过他放手让希姆莱负责。在猎巫这个问题上，希特勒从未公开表达过任何观点，还在"斗争时代"时，也就是 1933 年以前，他就把这个问题留给了纳粹党首席意识形态学家阿尔弗雷德·罗森伯格（Alfred Rosenberg）。在 1930 年出版的著作《20 世纪神话》（*Der Mythus des 20 Jahrhunderts*）中，他对猎巫进行了讨论。

罗森伯格认为，"猎巫狂热"使"数百万西方人成为了受害者"。究其原因，基督教带着它的"世界有罪论"征服了"荒废的罗马"。但是，这种理论对于日耳曼人而言格格不入。于是，罗森伯格认为，"只有在自由的情况下，日耳曼人才有创造力，只有在没有猎巫的地方，才有欧洲文化的中心"。

罗森伯格从这些论点出发，对天主教提出了严厉的批评。这位纳粹思想家写道，反对天主教是"被恐吓的数百万人的希望"。在罗森伯格看来，天主教会是由一个"自称教皇的巫医"领导的，它是一所"有意识消灭西方精神生活力量"的学校。

整个欧洲历史在罗森伯格眼中，都是"欧洲北方民族反抗罗马精神统一的斗争"，而猎巫运动也被他归纳在其中。他将天主教会描绘成迫害女巫的唯一责任人，并严重夸大了受害者的人数。1935 年 5 月，在杜塞尔多夫的"德意志母亲节"演讲中，罗森伯格宣称猎巫运动"以不光彩的方式让数十万德国妇女和女孩遭受酷刑和火刑"。

几年后，罗森伯格和他的同事们在受害者数字上完全失去了分寸。1939 年与 1940 年交汇的冬天，罗森伯格受"元首委托负责监督纳粹党精神与意识形态培训及教育"，组织了题为"妇女和母亲——人民的生命之源"的展览。这场在柏林举办的展览，其目录中明确指出，有 50 万至 200 万人成为"恐怖凶残的猎巫运动"的受害者。许多纳粹的宣传报纸引用了这组数字；1939 年 12 月，柏林的《12 点报》(*Das 12 Uhr Blatt*)在一篇介绍此次展览的报道中向读者表明，"由于教会的影响，有 200 万女性成为迫害女巫的受害者"。但是，党卫军的研究人员为了证明这些数字，却始终没有找到证据。1935 年至

1944 年，14 名研究人员从全德国 260 个图书馆和档案馆中搜寻各种证物，而且自 1939 年起，他们还在国防军占领区搜罗资料。

其中一个案件的资料是希姆莱亲自处理的。犯人是一名锁匠的遗孀，享年 48 岁，来自现在的巴登—符腾堡州东北部的马克尔斯海姆（Markelsheim）。1629 年 4 月 4 日，她在默根特海姆（Mergentheim）被当作女巫烧死。这起案件之所以具有爆炸性，是因为这名"女巫"据称是海因里希·希姆莱的祖先。希姆莱对此有何反应不得而知。联邦档案馆里有一份安全局首领莱因哈特·海德里希（Reinhard Heydrich）于 1939 年 5 月 23 日提交的报告，报告中标注"党卫军首领的家谱表中可能有一名女巫"，该报告还被列为"机密，个人"。

希姆莱没有公开自己家族中曾经出现过女巫的事实，这可能和希特勒的主张有关；1938 年纳粹党大会上，希特勒要求民族社会主义德意志工人党运动"坚决不能成为文化运动"，沉迷于"神秘主义"。

"元首"与"党卫军首领"在这个问题上的分歧，展示出纳粹政权内部的矛盾。党卫军将自己视为精英社团，因此与纳粹党作为人民党和"民族共同体"的领袖这一主张存在潜在冲突。希特勒和帝国宣传部部长戈培尔（Joseph Goebbels）倡导以群众为基础的现代独裁统治理念，而党卫军首脑则设想建立一种包含祖先崇拜在内的"氏族秩序"。

1935 年 7 月，希姆莱成立了一个协会名叫"祖先遗产"（Ahnenerbe）。这个协会的主旨是遵循纳粹的意识形态，证明"雅利安人"胜过其他"种族"。1937 年，希姆莱还成为这个协会的特殊顾问，负责迫害女巫方面的研究。最后该协会与安全局在研究猎巫运动上发生了对峙，安全局于 1938 年做出了对自己有利的决定——"祖先遗产"协会不再负责猎巫运动的研究。

1944 年 1 月，因为"战事原因"，安全局不得不停止所有有关猎巫的行动。截至此时，研究人员已经收录整理了 33846 个猎巫案件，所有的研究文档被从柏林转移到波兰波兹南的一所宫殿中。1945 年 3 月，苏联红军占领宫殿后封锁了所有资料，数十年来，西方的研究人员一直无法接触到它们。

民主德国时期，波兰政府将其中一些档案交给了民主德国的国家安全部。今日，"女巫特别委员会"的研究结果还保存在波兹南的一个档案馆中。研究人员可以到那里去查阅这些文件。不过，党卫军学者的工作成果实在没有办法用于现代女巫研究——他们的偏见太明显。波兰日耳曼学者卡塔日娜·莱辛斯卡（Katarzyna Leszczyńska）在论文《女巫与日耳曼人》（*Hexen und Germanen*）中详细研究了纳粹对猎巫运动的整理工作，她认为这些资料仅是"自圆其说"。

莱辛斯卡还发现，希姆莱的女巫研究员们的职业生涯比这些研究成果要长久得多：所有在战争中幸存下来的人"后来都在战后的联邦德国和奥地利取得了成就"。

比如"女巫特别委员会"的负责人威廉·斯宾格勒（Wilhelm Spengler）拥有日耳曼语言文学博士学位，自1934年起他在党卫军安全局任职，1937年开始负责"文化生活"司。战争期间，他于1942年5月作为党卫军D突击队成员被派往克里米亚半岛。这支党卫军对克里米亚的犹太人进行了大规模屠杀。战后，斯宾格勒在奥尔登堡（Oldenburg）的斯塔林（Stalling）出版社担任编辑，还与他人共同出版了《我们时代的造就者》（*Gestalter unserer Zeit*）丛书。

斯宾格勒的团队中包括维也纳日耳曼学者奥托·霍夫勒（Otto Höfler），他出身于右翼天主教家庭，是猎杀女巫的主要研究者。霍夫勒自1934年起就是公开的国家社会主义者，1935年被任命为基尔大学日耳曼古代和语言学教授。战后，他被禁止从事本职工作，但于1957年被任命为维也纳大学德语和早期德国文学讲座教授。1979年，维也纳市授予他金质荣誉奖章，而奥地利科学院早在15年前就已接纳他为院士。

出生于莱比锡的德国学者伯恩哈德·库默尔（Bernhard Kummer）是纳粹女巫研究者中一位多产的作家。1928年至1932年，他作为纳粹党党员为党报《人民观察》（*Völkischer Beobachter*）撰稿。1936年，在纳粹党图林根州州长的建议下，库默尔成为耶拿大学"古挪威语研讨会"的负责人。战后，他在吕贝克社区大学工作，并获得了德国研究基金会的奖学金。他在极右翼出版社"瞭望台"（Hohe Warte）杂志社担任编辑，负责《我们时代的研究》（*Forschungsfragen unserer Zeit*）月刊，而他始终坚持自己的党卫军思想。

希姆莱最杰出的巫师研究员之一是来自汉堡的历史学家京特·弗兰茨（Günther Franz），他于 1925 年凭借《俾斯麦的民族感情》（*Bismarcks Nationalgefühl*）这一著作获得晋升。弗兰茨从 1937 年起在党卫军种族和定居总办事处担任党卫军分队领袖（SS–Rottenführer），1943 年被任命为党卫军高级突击队领袖（SS–Hauptsturmführer）。弗兰茨在 1981 年写到希姆莱时说："他推动对异端和女巫的研究，因为他相信日耳曼人的遗产在巫术中生存着。"1957 年，弗兰茨被任命为斯图加特－霍恩海姆（Stuttgart–Hohenheim）农业大学的教席教授。1963 年至 1967 年，他担任该校校长。

然而，不仅党卫军女巫研究人员在联邦共和国重新找到了他们的读者，他们编造的神话也在延续，有时打着不同的旗号。女权主义作家艾丽卡·维瑟林克（Erika Wisselinck）是 1976 年爱丽丝·施瓦泽（Alice Schwarzer）创办的《艾玛》（*Emma*）杂志的创始人之一。她于 1986 年在西德最重要的女权主义出版社出版了《女巫》（*Hexen*）一书，副标题为"压迫解析"（*Analyse einer Verdrängung*）。该书在妇女运动和左翼领域广为流传。

在这本书中，她提出了一种理论（现已被研究人员驳斥），即对女巫的迫害起源于教会，主要针对"聪明的女性"以及她们避孕的知识。维瑟林克曾为《南德意志报》（*Süddeutschen Zeitung*）撰稿，还是巴伐利亚电台的工作人员，后来她也承认，自己的书并不是"严肃的历史研究"。

维瑟林克还声称，猎杀女巫导致了"数百万妇女被杀"，并用"妇女大屠杀"（Frauen–Holocaust）来形容这些审判。她还写道："在纳粹统治下，对犹太人的迫害和对女巫的迫害之间的类比不断浮现在我的脑海中。"她并没有将自己的论点建立在个案研究上，也从未利用任何资料来调查过迫害的程度。

值得注意的是，维瑟林克书中的观点与纳粹中的女巫形象非常接近。希姆莱对这一主题的阐释，对于这位后来的女权主义者来说，从她年轻时就已耳熟能详。维瑟林克出生于 1926 年，是恩斯特·维瑟林克（Ernst Wisselinck）的女儿，后者是一名职业军官，后来成为希特勒手下的国防军少将。她是德意志妇女联合会和帝国劳工服务局的成员，曾在被纳粹占领的波兰从事粮食收成工作。希特勒将军的女儿以"妇女大屠杀"淡化纳粹罪行，但这一事实并没有引起她的左翼出版社"妇女反抗"（Frauenoffensive）的注意。

第二十一章

"对我而言，此处无法区分'理性'与'非理性'"

即使到了 20 世纪，德国依然还有关于女巫的审判。历史学者莫妮卡·布莱克（Monica Black）对这个离奇的事件做出了解释。

伊娃-玛利亚·施努尔（Eva-Maria Schnurr）采编

《明镜周刊》：莫妮卡·布莱克女士，1954 年 3 月 30 日《基尔人民报》(*Volkszeitung Kiel*) 刊登了一则报道，汉堡西北约 100 公里的石荷州萨茨比特尔 (Salzbüttel) 镇发生一起案件，一名男子因为使用巫术被告上法庭。这名男子是木匠，名叫瓦尔德马·埃伯林 (Waldemar Eberling)，他自称能够通过"咒语"和手势来治病救人，还能识别巫师及黑魔法。有位女士被他指认为女巫，因而控告他诽谤、欺诈和违反行医条例。有意思的是，这起案子并非个案。1947 年至 1956 年间，类似的案件至少有 77 起。到底是怎么回事？

布莱克：我的观点是，巫术案件是战后社会动荡的一种表现。第二次世界大战后，社会上有很多不安、不信任和未解决的冲突。比如在希特勒的统治下，人们互相检举揭发违反种族法，或者是秘密收听外国电台的人等。1945 年后，"去纳粹化"让那些与纳粹政权关系密切的人感到不安。

《明镜周刊》：这些诉讼发生在哪里？

布莱克：有关巫术的诉讼主要发生在石荷州、下萨克森和巴伐利亚。在我看来，这绝非巧合：一方面，传统的民间医术在这些地区仍有生命力，他们还在利用魔法仪式；另一方面，石荷州的纳粹党党员在人口中所占比例最高。他们中的许多人现在都很担心：会不会被邻居出卖给盟军？自己的过去会不会被发现？

《明镜周刊》：纳粹也与巴伐利亚的慕尼黑或纽伦堡等地密切相关。

布莱克：的确如此。所以我们也可以认为，在诉讼发生的这些地区，巫术罪产生了一种替代作用，显示出过去产生的冲突。

《明镜周刊》：瓦尔德马·埃伯林真的相信有女巫吗？

布莱克：他自己没有使用这个词，而是说"邪恶的力量"。但是那时每个人都知道，他指的就是巫术。

《明镜周刊》：这是否与近现代早期的巫术指控有类似之处？或者是一种新形式的巫术迷信？

布莱克：巫术指控经常发生在危机和动荡时期；人们遇到一些负面的事情，就会用巫术和黑暗力量来解释。近现代早期是这样，"二战"后亦是如此。最显著的不同是，在现代受审的不再是实施巫术的人，而是指控别人行巫的人。和过去不同的是，被视为巫师的女性人数与男性人数相当——至少从现有的资料我们可以得出这样的结论。大多数情况下，我们只能在报纸上看到这样的简短报道：如这个人在吕内堡指控邻居使用巫术。可能有许多案件都没有被记录下来。

《明镜周刊》：在您的书中，您提到了布鲁诺·格罗宁（Bruno Gröning），他是一位"通灵治疗师"，1949 年，他曾在赫福德（Herford）帮助过一位患有肌肉萎缩症的男孩，并迅速闻名全国。《明镜周刊》也曾多次报道过他。格罗宁本人曾是纳粹党党员，后来在罗森海姆附近给他的追随者提供治疗。他声称能将上帝发出的"治愈电流"传递给病人，并向他们赠送锡箔球等物品，据说这些物品都带有神奇的能量。格罗宁与战后的巫术迷信有什么关系？

布莱克：格罗宁也是在实践民间医学的一种变体，和埃伯林类似。他也认为"恶灵"会导致疾病。这里他更多的是指人们背离了上帝，从而有罪，但是悔改能够得到疗愈。但是"恶灵"在他那里也被理解为恶魔，或者是"恶人"，他们导致人们生病。格罗宁的说法很多时候非常含糊，因此成为许多人不安的投射。我还认为，向格罗宁求助可以回避公开讨论那些折磨人的话题。

《明镜周刊》：是不是"恶灵"或者"恶魔"这样的概念

对于战后德国而言，有着开脱罪责的作用？它们是否成为德国人的替罪羊？

布莱克：事实上，曾有一种观点认为，希特勒是邪恶的魔法师，他用魔法让人们追随他，让党卫军成为他的手下。但是，我没有发现任何证据表明格罗宁持有这种观点。他一直讨论善与恶，但是对其含义却不置可否。这样，人们可以根据自己的情况和经验来填补这些定义，毕竟战后德国的社会故事千差万别：有的人对别人做了可怕的事，有的人被别人做了可怕的事，还有许多介于两者之间的人。格罗宁多次谈到魔鬼和上帝，对他而言，上帝是救赎之路；但是对不同的人来说，救赎可能意味着不同的东西。

《明镜周刊》：您将战后的恶魔迷信解释为一种被压抑的冲突的宣泄。那个时代的人怎么看这个现象？

布莱克：有一位来自石荷州的教士约翰·克鲁泽（Johann Kruse）对巫术非常感兴趣。早在 20 世纪 20 年代初，他就指出石荷州的巫术迷信是一种替罪羊现象；他还指出第一次世界大战后，许多人将德国的问题归咎于犹太人，与这种迷信有相通之处。

《明镜周刊》：他在战后是否又重新提起这些观点？

布莱克：没有，但是这一点非常重要。克鲁泽从没有接近过纳粹分子，即使 1945 年之后，他也没有谈论它，甚至连自己的手稿也从未公开。这种沉默，这种对于谈论 1933 年至 1945 年间发生在德国的事情的强烈禁忌，是战后时期的特征。巫术指控在另一个层面上为这种沉默背后的情绪提供了宣泄的渠道。

《明镜周刊》：巫术通常被认为是非理性的，这也就是为什么今日的我们经常以一种傲慢的态度看待近现代早期的猎巫运动，我们也将自己视为战胜了这种迷信，开明且理性的人类。但在 18 世纪 50 年代出现的巫术迷信，是否是德国未开化的一种表现？

布莱克："理性"与"非理性"的概念在分析中似乎没有太大意义。在基本充满不确定性的情况下，相信你的邻居可能背着你并对你图谋不轨，并不是非理性的。也许你一开始并不相信魔鬼或超自然力量，但在这种情况下，不信任是完全理性的。法国民族学家让娜·法夫雷 – 萨达（Jeanne Favret-Saada）于 20 世纪 70 年代调查了法国北部博卡什地区对巫术的迷信，她描述了自己是如何逐渐被卷入人们的故事中的。她经常听人说："这个人给我施了巫术，而我必须得为自己身上的诅咒做点什么。"在某种程度上，这一切似乎很合乎逻辑——你不能简单地否定别人的信仰，哪怕这些信仰看起来很奇怪。正确的问题是：它从何而来？它又代表什么？因为信仰的背后总是隐藏着一定的合理性。世界越复杂，普通人就越容易困惑。因此，今日的人们用阴谋论来解释难以理解的事物时，我并不觉得奇怪；巫术本身也是一个阴谋论。

《明镜周刊》：阴谋论是一回事，但是对超自然事物，如女巫的迷信则是另一个层面的。

布莱克：我们常常认为，所谓的现代性是没有这些想法的。但是看看美国：我们都认为它是个现代国家。但是，匿名者Q这样的阴谋论在那里却大行其道；除了反犹太的陈词滥调，它还融入了许多古代巫术迷信的元素。匿名者Q在德国也有很多追随者；启蒙运动不可能让每个人都变得完全理性，科学也不可能为每个人提供可以理解的解释。许多人明显感到，当下是一个动荡的时代，是一个充满危机的时代；他们不明白发生了什么，"邪恶势力"也是一种令人信服的解释。

《明镜周刊》：战后女巫迷信怎样了呢？

布莱克：20世纪60年代，这个话题突然从人们的视野中消失了。连石荷州的政府机构人员也曾向媒体表示惊讶，说他们也不知道是什么原因导致巫术案件全部消失。我的猜测是，随着时间的推移，人们不再受纳粹时代秘密和罪恶感的折磨；物质条件改善了，城市也得到重建，战争和纳粹时期的暴行似乎被人们遗忘了——同时社会冲突和邻里之间的不信任也随之消散。巫术的话题就此完全消失——我希望今日的阴谋论最终也能以类似的方式自行消失。

作者小传

··

　　莫妮卡·布莱克是田纳西大学历史学教授。她的研究重点是德国文化史和社会史。其著作《德国的魔鬼——巫师、巫医和战后往日的幽灵》（*Deutsche Dämonen. Hexen，Wunderheiler und die Geister der Vergangenheit im Nachkriegsdeutschland*）的德文版于2021年10月出版。（斯图加特Klett-Cotta出版社）

第二十二章
围着瓦尔普吉斯之火起舞

现代"女巫"宣传女性自主和亲近自然，但并非所有理论都是无害的。

雅思敏·略尔希讷（Jasmin Lörchner）供稿

2012 年的瓦尔普吉斯之夜（4 月 30 日到 5 月 1 日），大约有 40 名妇女参加了在柏林西部人工堆起来的小山——魔鬼山（Teufelsbery）——上举行的聚会。她们并不是在纪念圣沃尔普加（heilige Walpurga），而是在庆祝凯尔特人的古老节日——贝尔丹（Beltane）火焰节。

参加庆祝的女性们围成一个圆圈，喊出自己的名字，以及她们今日带来的主题：生活的乐趣、勇敢、自信。她们召唤火、水、土、空气和女神等元素。面对特别的方向，她们一起念符文并跳舞，柏林的夜行动物们好奇地注视着她们。然后，妇女们点燃火堆，一个接一个地跳过火堆，并喊出她们是为了谁和什么而跳。越来越多好奇的人加入这个群体，而其中的一些人也和她们一起跳过火堆——记录这个场景的，是当时在场的人类学家维多利亚·黑格纳（Victoria Hegner）。

　　贝尔丹节是现代女巫公开举行仪式的少数节日之一。这些现代巫师是新的"异教徒"，她们认为自己与基督教之前的自然宗教有联系；比如，她们相信动物、植物和人类都是有灵魂的，自然界的一切都是永恒循环的一部分。

　　许多新"异教徒"在私下和夜间举行仪式；在宗教自由的柏林，他们正在为自己开辟新的天地。维多利亚花了多年时间研究柏林的女巫，并撰写了《大都会的女巫》（*Hexen der Großstadt*）一书。在这本书中，她描述了魔鬼山聚会的场景。

　　今天的女巫与 20 世纪 70 年代的妇女运动密切相关。现代早期被视为"女巫"而遭受迫害的妇女很快被现代的追随者重新诠释为现代女权主义的先驱——在 1968 年运动的背景下，"女巫"被赋予了新的精神内涵。

　　由四名女性创办的"重现女巫"（Reclaiming Witches）可能是最受欢迎的一个团体。她们以神秘学家杰拉尔德·加德纳（Gerald Gardner）创立的巫术宗教为蓝本，对其中的个别元素进行了改编，并以女性主义的方式对其进行诠释。她们在一份传单中写道："我们认为'女巫'一词是对女性塑造现实的力量的肯定"。

　　"重现女巫"运动的创始人、精神女权主义者米利亚姆·希摩斯（Miriam Simos）以笔名"星鹰"发表了许多文章。1979 年，她的著作《崇拜大女神的原始宗教——女巫》（*Der*

Hexenkult als Ur-Religion der Großen Göttin）是现代巫术运动的经典之作。复兴女巫者反对性别歧视和种族歧视，呼吁减少消费，提倡生态平衡和珍爱众生。"比如，人们应该多参加社区志愿活动，提醒公众注意广告和工作中的性别歧视，作为团体成员应该强烈倡导动物福利，作为居民要发起环保项目，呼吁引入无条件基本收入"——所有这些都体现了"重现女巫"的精神，这些思潮在柏林很常见，维多利亚在书中总结道。

但是，精神灵性与可疑的神秘宗教之间存在着微妙的界限。阿马杜·安东尼奥基金会（Amadeu Antonio Foundation）赞助的评论博客"钟楼新闻"（Belltower News）警告说：所谓的"宇宙知识"、女性、母性和回归自然思想等伪女性主义理想一再成为反动意识形态或阴谋神话的幌子。该基金会主要研究极端右翼和反犹主义。

居住在文德兰（Wendland）的"女巫"克里斯蒂娜·肖尔（Christine Schorr）和伊娃·博特（Eva Bothe）非常明白这种联系。她们认为自己是自由女巫，不属于任何团体。肖尔和博特从孩提时代起就对算命和占卜很感兴趣，并热衷于巫术信仰。肖尔出生在瑞士，有着漫长的精神探索经历："我曾有过笃信基督教的阶段，但是这并不能解答我的疑问。"教会中的等级制度让她困惑；20 世纪 90 年代，她加入了女巫社团，但在那里也有森严的权力关系，而且仪式对肖尔而言过于死板：

"一些手稿精确地描述了应该如何调用元素——甚至包括什么时候该笑。对我而言，这和自然、直觉毫无关系。"

后来，肖尔在卢塞恩（Luzern）开办了一所女巫学校，结果令她大吃一惊：大多数来访者并不是想要在大自然中冥想，而是希望听讲座和获得书籍推荐。然而，对肖尔而言，成为一名女巫是一个不断自我修炼、自我批判，并拥有自己经历和运用自己思想的过程。2015 年，她搬到了文德兰，结识了博特，从此两人在一起举办讲座，开设工作坊。

两人都对卢恩符文非常感兴趣——这种冰岛文字非常古老。她们研究了冰岛国家图书馆的历史手稿，并找到了一些魔法中使用的符号，如护身符和保护仪式。曾学习过文化史的博特说："我们的工作不是科学意义上的正论、反论和综合，而是让自己受到启发。"

作为治疗师，肖尔在工作中也使用符文。她并没有宣扬自己能够治疗癌症等重病。相反，她会通过覆手等方式帮助人们处理死亡、分离或失去，或者帮助他们学习如何应对重病。她喜欢将自己描述为一个能看透现实和魔法两个世界的骑墙者。

对博特和肖尔而言，女权主义信念是她们作为巫师生活的一部分。博特在青少年时期经历了 20 世纪 70 年代的妇女运动。"那是当时堕胎法争议中的一个重要支柱。妇女们告诉我们：如果你需要避孕药，我们会帮你买到。"在 18 岁拿到驾照后，博特开着自己的旅行车载着妇女去荷兰堕胎，去程三个小时，当天往返——回程中还要把后座折叠起来，以便堕胎者从手术中恢复过来。

妇女运动和女同性恋运动多次提到女巫的历史。西柏林女权主义者在瓦尔普吉斯之夜抗议男性暴力。女权主义妇女健康中心成立于 1974 年，至今仍然在柏林舍讷贝格（Schöneberg）区。这个中心曾出版一本名叫《女巫低语者》（Hexengeflüster）的小册子，给妇女提供自我治疗的知识。根据维多利亚的说法，这也是德国妇女运动中最早提及女巫的地方之一。

当时的女同性恋们在布洛克斯贝格（Blocksberg）女同性恋酒吧聚会，并将柏林—克罗伊茨贝格（Berlin-Kreuzberg）第一座完全由女性居住的房屋称为"Hexenhaus"：这是柏林女同性恋们发起的对城市住房政策的抗议，该政策尤其歧视未婚女性和女同性恋。运动中的妇女利用了女权主义者在公众面前被诋毁为女巫这个事实。维多利亚认为："历史上的形象有意识地反复填充我们自己的想象和实践，在城市背景下尤为明显。"

将自己视为女巫是女权主义者的一种反抗形式。激进派代表将反对妇女运动的斗争与猎杀女巫相提并论，并进行了类比。爱丽丝·施瓦泽（Alice Schwarzer）于 1988 年在科隆大学的一次演讲中说："猎杀女巫是我们历史的一部分，而且是特别痛苦、特别戏剧化的一部分：可以说，猎杀女巫是对犹太妇女的大屠杀。"

　　这段话很危险地将大屠杀淡化。史学家沃尔夫冈·贝林格认为，那些被当作女巫烧死的受害者不再被当作个体，而是"苍白的论据"。此外，对猎巫运动的引用往往建立在毫无依据的夸张之上：1783 年，奎德林堡（Quedlinburg）的公诉人特弗里德·克里斯蒂安·沃伊特（Gottfried Christian Voigt）分析了 30 起判处死刑的猎巫审判档案，然后大胆推断出猎巫运动的受迫害者多达 900 万。尽管现代研究者更倾向于将受害者的人数定为 5 万左右，但《明星报》（Stern）等媒体依然在1986 年提到了 900 万被烧死的女巫。

　　民间团体中流传的浪漫化、民族化的女巫形象至今仍在被种族主义者使用。魔法和邪教也扮演着重要角色。它们还与英国神秘学家加德纳的巫术崇拜有关。历史学家费利克斯·维德曼（Felix Wiedemann）认为："当种族观念开始发挥作用时，巫师就迈出了民族性的一步。作为治疗师，巫师也可以堕胎；在纳粹意识形态中，巫师通过杀死所谓的'下等人'后代来控制人口。"

　　纳粹将所谓的 900 万被烧死的女巫政治化，作为他们与教会斗争的一部分。他们强化了女巫是智慧妇女的神话，她们因为自己的存在而受到教会的迫害。维德曼认为，"其目的很明确，表明德国妇女是受害者，日耳曼人的疗愈知识被消灭，这种想法值得传播"。纳粹官员、党卫军领袖希姆莱认为，猎巫运动是犹太人对德意志民族犯下的罪行之一。

民族主义女权主义的代表人物之一玛蒂尔德·鲁登道夫（Mathilde Ludendorff）也声称，对女巫的恐惧源于"东方—犹太人"。玛蒂尔德和她的丈夫埃里希·鲁登道夫（第一次世界大战期间最高陆军司令部的核心人物）于 1930 年成立了新日耳曼协会"德意志人民"（Deutschvolk），该协会至今仍以"认知上帝联盟"（Bund für Gotterkenntnis）的名义存在，并因其极端右翼和反犹思想而受到联邦宪法保护局的监控。

1945 年后，鲁登道夫家族与纳粹保持了距离，并将自己塑造成纳粹的受害者。然而，作为一名所谓的宗教哲学家，玛蒂尔德·鲁登道夫本人却宣传反犹太、完全日耳曼化的种族学说。1945 年后，鲁登道夫家族还以环保主义者的面目出现，组织"生命科学"会议，并于 20 世纪 70 年代试图在德国的生态运动中为他们的组织寻找同情者，但没有成功。

新纳粹组织"同类会"也利用新异教来传播民族主义、极右翼思想和反犹主义。维德曼评论道："妇女在这些团体中扮演着重要角色，她们是所谓的民族母亲，是遗传和血液的载体。"

这些组织过去只能通过印刷品在酒馆和聚会场所找到志

同道合的人，而现在，它们正通过所谓的流行文化大举进军社交网络。"钟楼新闻"对此评论道："女巫的热潮也已经蔓延到了 TikTok 上，近两年来，TikTok 上的 #WitchTok 标签增长迅猛，点击率高达数十亿次。"

作者安娜·迈尔（Anna Meier）和伊娃·卡普尔（Eva Kappl）警告说，#WitchTok 标签一次又一次地被用于含有种族主义内容的图片和视频，这些图片和视频被包装成发人深省的口号，而这些口号对于以年轻人为主的用户来说是难以辨别的。"归根结底，巫术风潮最重要的一点是：它是一种营销策略，成问题的引用和交叉联系，可以成为反现代和厌世思想的敲门砖。"

肖尔和博特对这种态势忧心忡忡。使用卢恩符文也被怀疑带有了民族主义倾向——新纳粹分子也喜欢使用这些古老的符号，尽管使用者没有任何极右主义的思想。"我的家庭医生曾问我，项链上的卢恩符文是不是纳粹符号"，在这种情况下，博特会努力地澄清事实。

文化人类学者维多利亚·黑格纳认为，现代女巫们试图通过自己使用卢恩符文来消除人们的误解。历史学者维德曼对这种做法能否成功持怀疑态度：在纳粹统治时期，万字符被赋予如此畸形的意义，以致今日人们无法再使用它。

博特对此并不认同——"卢恩符文不属于纳粹"。她和肖尔严词拒绝那些错误的想法，开展教育工作，消除人们对巫术的错误认识。成为女巫是一条特殊的道路，肖尔认为："这是一条关于感情，关于自然，关于对话和内观的道路。重要的是爱与理解，回到地球母亲身边并与她相伴。"

第二十三章
最显眼的女巫配件

近代早期，人们担心女巫秘密潜伏在村子里，难以辨认。随着时间的推移，女巫在描述中被赋予了明确的特征。这些特征从何而来？

扫帚

最早关于女巫骑扫帚的描绘出现在 1451 年的一份法国手稿中，但骑扫帚飞行的概念却源远流长。据称，女巫们从魔鬼那里得到了这种飞行器，作为身份的标志；人们相信，只有在魔鬼的帮助下，女巫们才能起飞。这种配件很快在画作中变得司空见惯。

猫

猫在迷信中扮演着重要角色。人们相信，魔鬼本身就是以黑猫的形式出现的，女巫可以变成猫。不过，这种动物也象征着性饥渴，因此代表危险的女人。第一幅女巫画中的猫是由斯特拉斯堡艺术家汉斯·巴尔东·格里恩（Hans Baldung Grien）于 1510 年绘制的。

女巫帽

尖尖的女巫帽最早出现在 1710 年左右的英国儿童读物中。对此有许多解释，但并无确定之说。其与中世纪尖顶女巫帽的联系似乎是可信的，但也有讨论认为，这是对恶魔角的传统描述的进一步发展。

火炉

在民间传说中，烟囱是邪灵的入口，因此男女巫师通过烟囱飞进飞出房屋。自 16 世纪以来，"女巫厨房"一直是许多绘画的主题。厨房的中心是准备魔法药水的大锅。女巫们还被指控在睡梦中秘密杀害儿童，挖出尸体，将骨头放在大锅里煮，直到肉掉下来——这种信仰可以追溯到古代。

丑陋

眼睛通红、手指弯曲、又老又丑只是女巫形象的一个侧面，却一直延续至今。在现代早期，女巫还被描绘成充满诱惑力的年轻女性，通常赤身裸体。

第二十四章
女巫审判要点

弗朗克·帕塔龙（Frank Patalong）供稿

序幕：起诉书

原则

查理五世皇帝于 1532 年颁布的《加洛林刑法典》规定："因谣言、恶名或其他可信证据而被怀疑和指控犯罪"的人不能立即被施以酷刑——除非该人在充分怀疑的基础上被诚实的证人可信地指控。否则，法官应首先"询问被告并进行认真调查"以确定他是否有罪。只有到此时，才可以使用酷刑。

过程

巫术被认为是一种特别严重的罪行。对女巫的审判主要遵循所谓的宗教裁判所程序：调查以公众的名义进行，即依职权并借助合理的证据。程序的细节因地区而异，没有真正标准化的法律制度。

不过，一般来说，起诉有三种不同的方式：

* 举报：在这种情况下，举证责任在于举报方。如果被举报者被判定有罪，举报方还可分得被定罪者被没收的资产。但是，如果定罪不成立，举报人就必须担心会受到惩罚，即所谓的报复。

* 告发：任何知道巫术的人都必须告发巫术，以免受到世俗惩罚（罚款或监禁）或精神惩罚（逐出教会）。告发甚至可以通过匿名信的方式进行。

* 指控：在大多数情况下，指控都是由法院自己提出的。法院根据谣言或某人的坏名声进行调查。然后，法官——通常不是训练有素的律师——开始所谓的审问，即对指控进行审查。

在所有情况下，只要指控某人使用黑魔法，就足以启动起诉程序。这通常是通过公开审判来实现的，并经常呼吁证人出庭做证。

示例及数字

1611 年，来自埃尔旺根（Ellwangen）的 70 岁老人芭芭拉·吕芬（Barbara Rüfin）在圣餐礼时，因为吞咽困难，把别人给她的圣餐从嘴里拿了出来。随后很快就有传言说这位老妇人可能是个女巫。法庭将她逮捕，在酷刑下，她指控其他妇女使用巫术。

由此引发的连锁反应一直持续到 1618 年。这一波迫害结束时，该地区约 17% 的男性和约 50% 的女性被当作女巫处死，受害者总数约为 450 人。

监禁：涉嫌犯罪者

原则

如果举报是由证人或告密者提出的，法庭首先要核实指控是否可信。证人则必须提供证明其声誉的保证人。如果指控可信，调查人员就会搜查被告的住所，寻找"巫术工具"，并逮捕被指控的巫师，以防止证据遭到破坏。如果法院根据传言依职权开始调查，首先会发出正式传票，这一点在实践中也会被严格执行。在所有情况下，逮捕后都要进行初步审讯。根据被告的声誉和社会地位、被控罪行的严重程度，以及被告是否有担保人，下令将其释放、软禁或监禁。

过程

现存的庭审记录，记录了明显的社会分化：贵族和教士极少被指控施巫术，即便真有指控，他们也往往免于监禁和定罪。而平民被指控行巫，通常会立即被关进监狱。当时还没有正规的监狱，被告被关押在公共建筑中安全状况良好的房间里，通常是在防御工事的塔楼或地窖里。往往几个囚犯共处一室，卫生条件极差，关押期间的死亡事件也频繁发生。

然而，不仅被告本人被逮捕，在场的女仆和男仆也可能被逮捕，哪怕只是"为了拘留而不是为了服刑"。他们与被指控的女巫分开关押，以免与女巫交流。

那时没有人反对在没有正式指控或审判的情况下将被告长期关押在监狱中。监禁和审判费用由被告承担，即使是无罪释放的囚犯，即那些没有犯罪而被监禁的人，在获释时通常也要向牢房典狱长支付一笔费用——主要是食宿费用。

背景

被当作女巫逮捕就意味着被定罪，这只是大多数人的误解。此外，还有许多人被无罪释放、针对其的指控被驳回或撤销。只有在特定时期、特定地点，女巫才会受到过度迫害——有些地区很少甚至根本不存在女巫审判。这也是为什么人们不再认为 16 世纪至 18 世纪期间有数百万受害者，而认为欧洲约有 6 万人死于猎巫的另一个原因。猎巫的重灾区是现在的德国（仅在这里就有约 25000 名受害者）及其邻近地区。75% 至

80% 的受害者是女性，但在这方面地区差异较大。

审讯：有规矩但并不公正

原则

如何审问被告的规定被细化到最小的细节。听证会由一名法官或审问官主持，并由作为非专业陪审官的证人协助。"优待审讯"由一名宣过誓的抄写员记录，一般不公开进行。

只有在被告提出具体要求的情况下，才允许法律代表参加审讯，但他们是由法庭挑选的。被告及其律师都不知道是谁提出的指控。

如果最初的告发者能提供两名可信的证人，则认为原则上已经确立了有罪的证据。于是，认罪就成了审讯的唯一目的。因为没有供词，原则上就不可能定罪。

过程

审讯问题一字不差，有时甚至重复多次。因此，许多被告都在寻找"正确的"所谓理想答案：这是一个致命的错误，因为根本就没有这样的答案。法官想听到的要么是供认，要么是一致否认。前者导致定罪，后者导致"恐吓"（Territion），即重新审问时展示刑具。

就内容而言，最初的目的是确认具体指控所依据的事实和证据。在审讯的第二阶段，就支持巫术的最重要证据提出具体问题（见下文）。如果被告不承认这些罪行，接下来就要遭受酷刑。如果被告招供，则在审讯的第三阶段询问其他巫师的姓名，特别是将巫术传播给被告的人的姓名。

背景

在审判中，真正的女巫和只是接触过巫术的人被区别对待——这直接影响判决。如果女巫在审讯中承认下列罪行，就会被处以火刑：

* 与魔鬼签订了契约，出卖了自己的灵魂。
* 未卜先知。
* 会使用魔法。
* 对人类、动物或农作物施过有害的法术。
* 曾骑着扫帚飞行。
* 与魔鬼交合。
* 与人或者动物有私通行为（婚外情）。

酷刑：尴尬的审讯

原则

酷刑被视为查明真相的一种手段，也可用于为被告开脱罪责。为防止虚假供词，酷刑的使用受到严格的约束。《刑事法庭细则》（*Peinliche Halsgerichtsordnung*）规定，禁止仅因怀疑或投诉而实施酷刑，以这种方式获得的供词无效。重复酷刑通常也是被禁止的。

然而，巫术被宣布为"例外罪行"：在对女巫的审判中，允许酷刑"持续"数天。

在女巫审判中，刑讯逼供有法律效力。不然的话，人们怎么能证明自己骑着扫帚飞行呢？历史学家沃尔夫冈·贝林格写道："巫术罪基本上是人们的想象"。

过程

被告被脱光衣服，行刑者展示第一批刑具，并将其与被告的皮肤接触，但并不使用。

如果被告没有招供，就会使用第一批刑具，但不会造成流血伤害。然后，妇女被彻底剃光头发。所有被告都要接受检查，以找出隐藏的"巫术工具"和"巫痕"（不规则的皮肤）。接下来，给被告的腿部或者手指拧上螺丝，然后上刑架。这种折磨往往持续数天。通常情况下，如果被告人认罪并告发他人，就会得到减刑优惠。之后，法庭实际上会给予从轻判决。

在后来的女巫审判中，各种新的、残忍的方法加剧了酷刑。这些酷刑包括剥夺睡眠，断水断粮，硫酸灼伤，明火灼伤，用硫黄膏药或沸腾的沥青灼伤皮肤，用越来越卑劣的刑具折断骨头和关节。只有在个别情况下才进行"神判"。

实例和数字

今日国家	受害者人数 （每千名居民）	受害者人数 （总数）**
瑞士及列支敦士登 *	4	4300
丹麦	1.8	1000
德国	1.6	25000
挪威	0.9	350
奥地利	0.5	1000

* 风险极高

** 展现了猎巫受害者的情况

资料来源：Wolfgang Behringer: Hexen.Belief, persecution, commercialisation, München: C.H. Beck, 2005.

神判：传奇，但很少用到：

原则

女巫审判中使用神判比人们想象得少得多。审理程序中并没有明文规定使用神判，而且很多地方还禁止这种判决。最常使用且被认可的神判是针刺和流泪（详情见下文）。所有其他程序只是在某些地区或特殊情况下使用。臭名昭著的《女巫之槌》甚至建议不要使用神判，因为真正的女巫可以在恶魔的帮助下操纵神判结果。

过程

一些地区允许使用水判法，这个办法的依据是水的"净化作用"能检测女巫，因此，如果把一个五花大绑的女巫浸入冷水中，她浮了起来，那么女巫罪成立。但水判的问题是，如果她沉入水底，并不能证明她无辜。火判则要求嫌疑人接触沸水或者烧红的烙铁。如果伤口在一段时间后没有溃烂，被告的无罪就得到了证实。

火判极少使用。这种神判可以追溯到古代，那时"神的裁决"仍然被接受为法律依据。教皇英诺森三世早在1213年就下令禁止这种神判，而《女巫之槌》也认为它毫无作用。

称重神判的原理是，女巫因为把灵魂交给了魔鬼，所以她们的体重较轻。操作时，女巫会与一个固定的砝码比较：如果被告的体重较轻，则是有罪；如果被告比砝码重，则假定她对秤施了魔法。但称重神判很少举行，大多数情况下都很难定罪。

在审判中有两种神判是例行工作：针刺和流泪。针刺时如果伤口不流血，那么被告就是女巫；流泪是指测试被告在酷刑或审讯期间是否流下了"真正的眼泪"，因为女巫是不会流泪的。

背景

《女巫之槌》是以迫害女巫为主题的战斗檄文。它的作者海因里希·克拉默是一位狂热但不成功的猎巫者，出于挫败感他撰写了此书，指责教会猎巫不力，效果甚微。他希望通过《女巫之槌》来加大世俗法庭猎巫的力度。早在1484年，克拉默就说服教皇英诺森八世签署了自己撰写的诏书，名为《我们最大的心愿》（*Summis desiderantes affectibus*），其中讲述了猎巫的必要性。教皇的敕令为《女巫之槌》提供了合法性，尽管该书从未成为法律的一部分，但广为流传。

核心证据：供词

原则

巫术罪行必须通过供词来"证明"。如果被指控的女巫供认不讳，就等于她被定罪了。但是，在有些案件中，被告即使是在严刑拷打之下也没有招供，而是幸存了下来。在这种情况下，按照法庭的规定他们应该被无罪释放，或者是按照轻微罪行受处罚。

过程

女巫的供词是以一系列问题为基础的；她们被问及具体的、针对案件的指控，还有有关巫术的特别证据：真正的女巫必须说出老师的名字，具体使用的巫术，承认与恶魔交合，交代所谓的"与魔鬼通奸"。

如果是刑讯逼供，那么必须再次宣读问题，并且得到巫师的确定回答。

由于提出的问题大同小异，因此女巫审判中的供词非常相似，几乎可以在内容上互换。

实例或数字

在图肯·丽莎·冯·西丁胡森（Tutken Lisa von Sydinghusen）一案中，被告于1631年3月21日被指控，3月27日被处决，法庭记录中只有被告对罪状的肯定："被告承认，年轻时从她父亲恩格尔贝特（Engelbert）那里学会了巫术；被告承认，弃绝了全能的上帝，让自己依附于魔鬼；被告承认，在肉体上与魔鬼有染；被告承认，她的巫术导致人畜死亡；被告承认，上帝的威严因此受到了侮辱，并愿意因此接受惩罚。"

德国最狂热的猎巫者

受害者人数	地区	主教	任期
2000	科隆选侯国	斐迪南·冯·巴伐利亚（Ferdinand von Bayern）	1612—1637
900	维尔茨堡	菲利普·阿道夫·冯·艾伦贝格（Philipp Adolf von Ehrenberg）	1623—1631
768	美因茨选侯国	乔治·弗里德里希·格赖芬克劳（Georg Friedrich Greiffenklau）	1626—1629
700	埃尔望根/艾希施塔特	约翰·克里斯托夫·韦斯特斯特滕（Johann Christoph Westerstetten）	1612—1636
650	美因茨选侯国	约翰·亚当·冯·比肯（Johann Adam von Bicken）	1601—1604
600	班贝格	约翰·乔治·福克斯二世（Johann Georg II Fuchs）	1623—1633
361	美因茨选侯国	约翰·施韦哈德（Johann Schweikhard）	1604—1626
350	特里尔选侯国	约翰·冯·舍能堡七世（Johann VII von Schönenberg）	1581—1599
300	维尔茨堡	尤利乌斯·埃希特·冯·梅斯佩尔布伦（Julius Echter von Mespelbrunn）	1573—1622

资料来源：Wolfgang Behringer: Hexen, München: C.H.Beck, 2005.

揭发：制造恐慌的速效药

原则

15 世纪神学家们提出的"巫师学说"将所谓的巫师视为撒旦教派的成员。这个群体被视为对所有现存秩序的根本威胁，类似于今天的恐怖组织。这就是为什么后来世俗法院对他们采取了如此残酷的行动。

女巫大会就是加入撒旦教派的入会仪式。因此，任何参加这个大会的女巫必然也认识同伙，所以认罪的女巫必须揭发，也就是招出其他的女巫。

过程

这个环节审问的问题是："你在那里看到了谁?"就是这个问题，让揭发成为群体迫害的源头，因为受酷刑折磨的人往往牵连出许多人。

背景

猎巫之所以能成为一种群众运动，主要原因是神学中有关女巫的教义与针对"异端"的法律措施结合在一起。

1224 年，神圣罗马帝国皇帝腓特烈二世使用英诺森三世建立的宗教裁判所程序，将叛乱的伦巴第人视为异端并进行迫害。1231 年，他将反对"皇权"的罪行等同于反对上帝的罪行，宣布反对者是无神论者，对犯罪之人可以使用酷刑，定罪后用火刑处死。教皇额我略九世在 1234 年效仿了这一做法，而英诺森四世在 1252 年正式完善了宗教裁判所审理职能；从那时起，四处云游的"宗教裁判员"就开始积极寻找"异端"。

对异教徒的定义导致了对巫术的全新定义。这部分源于反犹主义（比如，女巫大会中的聚会使用犹太教安息日一词 Sabbat），部分源于教会和政府对激进的宗教改革运动（如清洁派或瓦勒度派）的反应。这种定义使得人们更容易将所谓的破坏信仰和公共秩序的行为视为"超级罪行"，由世俗法庭严加惩处。

欧洲最大规模的猎巫运动

地区	教派	受害者人数	时间
洛林	天主教	2700	1580—1620
科隆选侯国	天主教	2000	1626—1635
美因茨选侯国	天主教	2000	1590—1630
维尔茨堡	天主教	1200	1616—1630
伯尔尼	新教	1000	1580—1620
梅克伦堡	新教	1000*	1570—1630
苏格兰	新教	1000*	1560—1670
外奥地利	天主教	907	1560—1650
班贝格	天主教	900	1616—1630
匈牙利	天主教	600	1710—1750

* 估计的数目

资料来源：Wolfgang Behringer: Hexen, München：C.H.Beck, 2005.

定罪：法庭发声

原则

对女巫的判决遵循刑法的原则，该原则规定对巫术案件涉案者处以火刑。据推测，绞刑或者勒死再焚烧等较轻的惩罚也是可能的。

在早期的法典中，通常会区分无害的魔法行为和旨在造成伤害的巫术。因此，由于真正的巫术很难被证明，大多数指控可能不会造成致命的判决。

过程

宣布判决的"正义之日"是整个庭审中唯一公开的部分：法院会在"体面的地方"举行庄严的庭审，用普通人能理解的语言宣读供词，并由被告确认。

之后，法官亲自宣布判决书，对于这个环节的规定是：法官不能只是照本宣科，而是需要自由演说，而且必须坐着宣读，且应该是在白天，而节假日不许宣判。

背景

《加洛林刑法典》及《刑事法庭细则》详细规定了哪些罪行应处以体罚。在当时，这被称为"颈部和血液判决"，也就是今天的死刑。死刑适用的案件包括各种形式的谋杀和过失杀人、抢劫和盗窃。现代早期社会的正义感在多大情况上与今日有别，可以从下面的罪行及其惩罚表格中看出。

罪行及其惩罚

罪行	惩罚
有害魔法（黑魔法）	活体烧死
诽谤（比如未能提供有力证据）	被告应该承担的刑罚（在极端情况下，死刑）
测量及称重罪（商业欺诈）	鞭笞、流放，严重情况下死刑
同性恋	烧死
给自己的妻女拉皮条	公开羞辱
拉皮条（非亲属）	割耳，鞭笞
通奸	女性：溺毙 男性：肢解、拖死
秘密怀孕导致死婴或杀婴	母亲：淹死、活埋、穿刺、用烧红的钳子肢解。父亲：不需要承担责任

处决：公开表演

原则

古代晚期开始，火刑是欧洲最普遍的处决方式之一。中世纪宗教裁判所经常使用这种处决方式来对付"异端"，而女巫的罪行应该采用这种刑罚。

女巫需要用火烧死的原因，是人们相信火具有净化灵魂的作用。因此，焚烧是炼狱在人间的一种体现。实际操作中，火刑具有特别的威慑作用。马丁·路德是焚烧女巫的坚定支持者，对他而言，焚烧女巫是遏制"乌合之众"的有效手段。

过程

"烧成灰烬"被认为是最残暴的处决方式之一。根据使用燃料的数量和层级，痛苦的时间从几分钟到半小时不等。在焚烧前斩首、勒死或绞死算是从轻发落。在某些地区，如果用新鲜的木头焚烧也是种仁慈，因为罪犯更多是因为窒息而死。

死在火刑柱上是极不光彩的。在单独处决时，通常在宣判后直接执行，被处死的人被绑在木桩上，脚下堆满木头，然后点燃。猎巫也经常有集体处决。

火刑比砍头更昂贵，如在美因河附近的蔡尔，人们为了节省木材，将女巫们送至塔形的焚化炉处死。

背景

死刑（颈部和血液判决）只适用于特别严重的罪行。具体的刑罚也取决于罪犯的社会地位：贵族一般被砍头，平民会被烧死或肢解。按照当时的观念，只有最严重的罪行才会被烧死：同性恋、伪造钱币、盗窃教会财产、私自酿酒、鸡奸和使用巫术。

对不太严重的罪行，《加洛林刑法典》提供了多种处罚选择，其中一些还有很大的生还希望：

* 切断手指、耳朵、鼻子或者舌头。

* 鞭笞或杖击。

* 斩首。

* 溺毙。

* 绞刑。

* 活埋。

* 火钳烧灼（致死）。

* 木桩穿刺。

* 颈手枷和铁颈圈。

* 轮刑。

* 拖拽。

* 肢解。

附录 1

女巫审判大事年表

1215
教皇英诺森三世召开的第四次拉特兰大公会议要求打击异教徒。这是后来女巫审判中发挥重要作用的敌人形象之基础。

1225—1274
道明会的托马斯·阿奎那在自己的著作提出了一个强大而秘密的概念——"魔鬼国家",这使迫害被视为魔鬼工具的人合法化。

1419
瑞士卢塞恩的一次刑事审判中首次将使用"巫术"作为罪行。

1428
在萨沃伊、瓦莱州和多菲内,开始出现有组织的大规模猎巫。

1431—1449
巴塞尔大公会议促进了教会巫术研究者的交流,巩固了迫害者的阵营。

1437
教皇尤金四世要求将"与撒旦的契约"作为教义。

1484
在阿尔高地区,猎巫从所谓的"天

气制造者"开始，人们将寒冷的气候和歉收归咎于她们。

1484

教皇英诺森八世发布了所谓的"女巫诏书"。在诏书中，他认为女巫能造成伤害，是基于与魔鬼的契约。教皇为世俗法庭及教廷迫害女巫提供了正当理由。

1486

海因里希·克拉默，道明会修士、神学博士和宗教裁判官，撰写了《女巫之槌》一书。这本流传甚广的著作呼吁加强对所谓女巫的迫害。

1480—1525

在中欧的大部分地区，"女巫"受到迫害，许多人被判处死刑并被处决。

1526

西班牙宗教裁判官主张对"女巫"采取较为温和的处理方式。

在 5 月 6 日的布道中，马丁·路德要求判处"女巫"死刑。路德认为，"女巫"应该被"杀死"，不仅因为她们害人，还因为她们与撒旦有交易。

1543

丹麦爆发的一场猎巫运动中，一位商人的妻子被审判，她被指控能够对航海所需的风向产生负面影响。

1560—1680

"小冰河时期"造成农作物歉收和饥荒，促使人们寻找"女巫"等作为罪魁祸首。

1563

德裔荷兰医生约翰·韦耶出版了一本反对猎巫的小册子，名为《论恶魔令人眼花缭乱的作品》。

1586—1596

在神圣罗马帝国特里尔附近的修道院领地内，至少有 400 人因巫术被判处死刑，几乎占总人口的 19%。

1592

荷兰神学家科尔内留斯·卢斯曾多次目睹特里尔的女巫审判，他在《论信仰与假魔法》(*Über den Glauben und die falsche Magie*) 一书中批评了猎巫，并因此被捕；他在审判前去世。

1600—1650

科隆选侯国有超过 2000 人在猎巫运动中被迫害致死。

1612—1630

班贝格教区掀起了数次猎巫运动，包括市长在内的约 1000 人遭到酷刑折磨和杀害。

1615—1620

天文学家、物理学家和数学家约翰内斯·开普勒在蒂宾根为被指控为"女巫"的母亲辩护。

1631

耶稣会士弗里德里希·斯佩首次匿名发表小册子，批评酷刑和女巫迷信。

1668—1676

猎巫运动席卷瑞典，约 300 人在此过程中丧生。

1692

一场猎巫运动出现在马萨诸塞州的萨勒姆村，并蔓延至波士顿。

1701

法学家兼哲学家克里斯蒂安·托马斯乌斯出版了一本拉丁文著作，该书的德文版于 1703 年出版，书名为《巫术影响的考察》。在这本书中，他对迫害女巫提出了原则性的批评。他成为猎巫运动的主要反对者。

15 岁的女仆多罗特·伊丽莎白·特雷施拉夫 (Dorothee Elisabeth Tretschlaff) 是勃兰登堡猎巫行动的最后一名受害者，她因"与魔鬼私通"而在乌克马克 (Uckermark) 被斩首。

1714

普鲁士国王腓特烈·威廉一世拆除了焚烧受害者的火刑柱。同时，国王还宣布，自己对所有女巫审判拥有否决权。

1751

在凯泽斯图尔河畔的恩丁根 (Endingen am Kaiserstuhl)，该地区最后一位被指控施巫术的妇女被执行死刑，她的罪名是与"魔鬼签订契约"，被烧死在火刑柱上。

1775

安娜·施韦格林（Anna Schwegelin）是今日德国领土上最后一个"女巫"，她在坎普顿修道院（Kempten）接受审判。然而，"与恶魔通奸"的死刑并没有执行：1781 年，她死于狱中。

1782

欧洲最后一位"女巫"——女仆安娜·戈尔迪在瑞士格拉鲁斯被处决。这最后一次对女巫的处决激起了整个欧洲的愤怒。

附录 2

相关书籍、电影、博物馆推荐

特里尔大学的历史学家和巫术专家丽塔·沃尔特默推荐以下这些非小说类书籍。

约翰内斯·迪林格《恶魔与魔法》

Johannes Dillinger: Hexen und Magie, Frankfurt am Main: Campus, 2018.

介绍了中世纪和现代早期对女巫、魔法和灵魂的迷信，以及猎巫的概况。

瓦尔特·卢默尔及丽塔·沃尔特默《近现代的女巫及猎巫》

Walter Rummel / Rita Voltmer: Hexen und Hexenverfolgungen in der Frühen Neuzeit, Darmstadt: Wissenschaftliche Buchgesellschaft, 2016.

作者从欧洲视角出发，以最新研究为背景，解释了猎杀女巫的复杂背景。本书摒弃了过去的误解，主要面向教师和学生，也适合普通读者。

沃尔夫冈·贝林格《德国的女巫和女巫审判》

Wolfgang Behringer (ed.): Hexen und Hexenprozesse in Deutschland, Munich: dtv, 2006.

这是一本不可或缺的资料汇编，摘录了有关德国猎巫历史的资料，从中世纪开始到 18 世纪结束，并附有非常专业的注释，且对当前情况进行了展望。

延伸读物：穿越时空，了解过去人的想法

林达尔·罗珀《猎巫——迫害的历史》

Lyndal Roper: Hexenwahn: Geschichte einer Verfolgung, München: C.H.Beck,2007.

罗珀利用具体案例分析了猎巫成为可能的机制。

莱讷·贝克《谣言制造者或邪恶的想象》

Rainer Beck:Mäuselmacher oder die Imagination des Bösen:ein Hexenprozess 1715 - 1723,München: C.H. Beck, 2012.

作者以一起女巫审判为例，解析了那个时代的心态。

布莱恩·勒瓦克《猎巫——欧洲迫害女巫历史》

Brian P. Levack: Hexenjagd: Die Geschichte der Hexenverfolgungen in Europa, München: C.H. Beck, 2020.

作者从社会变革的角度出发，描述了迫害的各个方面。

瓦尔特·豪瑟《安娜·戈尔迪，被爱、被魔鬼化、被斩首——最后的女巫审判及女性的去妖魔化》

Walter Hauser: Anna Göldi—geliebt, verteufelt, enthauptet. Der letzte Hexenprozess und die Entdämonisierung der Frau, Zürich:Limmat-Verlag, 2021.

约尔·哈灵顿《刽子手——16世纪纽伦堡行刑人的生活》

Joel F. Harrington: Der Scharfrichter. Ein Henkersleben im Nürnberg des 16. Jahrhunderts, München: Bassermann, 2019.

电影：魔幻经典

《东镇女巫》(Die Hexen von Eastwick)

时至今日，女巫仍在不断激发人们的想象力，包括作家和导演的想象力。根据约翰·厄普代克的同名小说改编，澳大利亚导演乔治·米勒于1987年在加利福尼亚州和马萨诸塞州拍摄了恐怖喜剧《东镇女巫》。剧情：由雪儿、米歇尔·菲佛和苏珊·萨兰·唐饰演的三位40多岁的单身女人不知道自己拥有神奇的力量。不久，一个神秘的陌生人出现了，他就是想要购买别墅的艺术品收藏家达里尔·范·霍恩(Daryl Van Horne)。由好莱坞大反派杰克·尼科尔森饰演的达里尔·范·霍恩是一个魅力十足的人，在他的外表下隐藏着一个魔鬼。他勾引了三个女人中的每一个，四人的绯闻成了镇上的谈资。很快，当地报纸上刊登了一篇文章，警告人们注意别墅里女士们的狂欢。刊登这篇文章的主编的妻子成了致命巫术阴谋的受害者。三个女人对自己行为的后果感到震惊，于是从别墅和达里尔身边撤走。她们最终用巫毒娃娃对付了愤怒的魔鬼。

博物馆：令人毛骨悚然

"女巫市长的房子"莱姆戈(Hexenbürgermeisterhaus Lemgo)

位于东威斯特法伦州莱姆戈历史古镇中心的市立博物馆，有一个关于该镇受迫害女巫的常设展览，该镇曾被视为"女巫的老巢"。展览以典范的方式记录了受害者的生活。

林格莱女巫博物馆(Hexenmuseum Ringelai)

位于下巴伐利亚的林格莱，1703年，该地区最后一次焚烧女巫；在体验酒店中设有常设展览，内容有关人们对女巫及巫术恐惧的方方面面，如猎巫，还有火刑柱的模型。

纽伦堡刽子手之家（Henkerhaus Nürnberg）

纽伦堡的刽子手之家和刽子手塔在1806年之前一直是该市刽子手的住所。展览由"全民历史"协会主办，介绍了这座贸易城市的犯罪历史，包括对女巫的致命迫害。展览还解释了为什么会出现名副其实的刽子手世家。

附录 3

作者简介

阿尔讷·茨披昂卡（Arne Cypionka）——自由职业记者

安杰丽卡·弗朗茨（Angelika Franz）博士——考古学者和自由科学记者

索尔维格·格罗特（Solveig Grothe）——《明镜周刊》历史部编辑

克里斯托夫·冈克尔（Christoph Gunkel）——《明镜周刊》历史部编辑

卡特亚·伊肯（Katja Iken）博士——《明镜周刊》历史部编辑

哈赫尔德·尤斯丁（Harald Justin）——维也纳的自由记者

吉多·克莱因胡伯特（Guido Kleinhubbert）——《明镜周刊》科学版的编辑

乌韦·克鲁斯曼（Uwe Klußmann）——曾任《明镜周刊》历

史部编辑

丹尼·克林吉尔（Danny Kringiel）博士——《明镜周刊》历史部编辑

雅思敏·略尔希讷（Jasmin Lörchner）——自由记者，历史播客 HerStory 的主持人

卡特琳·马斯（Kathrin Maas）——历史学者，为《明镜周刊》历史部工作

萨拉·马西亚克（Sarah Masiak）博士——犯罪学研究者

约阿希姆·莫尔（Joachim Mohr）——曾任《明镜周刊》历史部编辑

托尔本·穆勒（Torben Müller）——汉堡的自由记者

大卫·诺伊豪泽（David Neuhäuser）博士——柏林的古代史学者和自由记者

弗朗克·帕塔龙（Frank Patalong）——《明镜周刊》历史栏目作者

马丁·普法芬策勒（Martin Pfaffenzeller）——《明镜周刊》历史部编辑

乌林卡·鲁布拉克（Ulinka Rublack）——剑桥大学圣约翰学院早期现代史教授

约翰内斯·萨尔茨韦德尔（Johannes Saltzwedel）博士——曾为《明镜周刊》历史部编辑

伊娃-玛利亚·施努尔（Eva-Maria Schnurr）博士——《明镜周刊》历史部负责人

本诺·斯蒂伯（Benno Stieber）——作家、自由撰稿人，现居卡尔斯鲁厄

附录 4

鸣谢

本书之所以能够出版，是因为作者们得到了许多聪明、勤奋的同事的支持。由科德利亚·弗莱瓦尔特（Cordelia Freiwald）和库尔特·杨森（Kurt Jansson）领导的《明镜周刊》文献团队以其一贯的可靠和细心，检查了所有资料的事实准确性。图书管理员约翰娜·巴蒂科夫斯基（Johanna Bartikowski）和海科·鲍尔森（Heiko Paulsen）孜孜不倦地提供了大量专业文献。

安可·韦尔尼茨（Anke Wellnitz）负责图片的选择。在最后的编辑阶段，卢茨·迪特里西斯（Lutz Diedrichs）、乌尔苏拉·荣格尔（Ursula Junger）、比尔特·凯瑟尔（Birte Kaiser）、卡塔琳娜·吕肯（Katharina Lüken）、斯蒂凡·莫斯（Stefan

Moos）和弗莱德·施罗特贝克（Fred Schlotterbeck）再次检查了文本的一致性。秘书处的科琳娜·恩格斯（Corinna Engels）、海克·卡尔布（Heike Kalb）和卡特琳·马斯（Kathrin Maas）确保了一切工作的顺利进行。

《明镜周刊》的里克·盖勒特（Rieke Gelert）及企鹅出版社的尤利娅·科慕佩（Julia Kompe）负责监督整个图书项目，因卡·哈根（Inka Hagen）负责本书的制作。我们衷心感谢所有工作人员的愉快合作。

伊娃－玛利亚·施努尔博士
2022 年夏季于汉堡